Lilly

Die vielen Gesichter der Depression -

erkennen und behandeln

UNI-MED Verlag AG

Bremen - London - Boston

Die Deutsche Bibliothek - CIP-Einheitsaufnahme

Rohde, Anke:
Die vielen Gesichter der Depression/Anke Rohde und Andreas Marneros.-
1. Auflage - Bremen: UNI-MED, 2001
(UNI-MED SCIENCE)
ISBN 3-89599-510-X

© 2001   by UNI-MED Verlag AG, D-28323 Bremen,
              International Medical Publishers (London, Boston)
              Internet: www.uni-med.de, e-mail: info@uni-med.de

Printed in Germany

Die Erkenntnisse der Medizin unterliegen einem ständigen Wandel durch Forschung und klinische Erfahrungen. Die Autoren dieses Werkes haben große Sorgfalt darauf verwendet, daß die gemachten Angaben dem derzeitigen Wissensstand entsprechen. Das entbindet den Benutzer aber nicht von der Verpflichtung, seine Diagnostik und Therapie in eigener Verantwortung zu bestimmen.

Geschützte Warennamen (Warenzeichen) werden nicht besonders kenntlich gemacht. Aus dem Fehlen eines solchen Hinweises kann also nicht geschlossen werden, daß es sich um einen freien Warennamen handele.

Vorwort

Depressive Reaktionen sind menschliche Reaktionen, sie dürfen nicht ohne weiteres pathologisiert und psychiatrisiert werden. Es ist normal, es wird sogar erwartet, dass der Verlust einer geliebten Person, ein erschütterndes Erlebnis, die Diagnose einer schweren körperlichen Erkrankung oder auch eine schwere persönliche Niederlage zu depressiven Reaktionen führt. In manchen Fällen könnte sogar das Ausbleiben solcher Reaktionen pathologisch sein. Ausmaß und Art der depressiven Symptomatik, aber auch Verlauf und Dauer sind von Bedeutung für die Identifizierung einer behandlungsbedürftigen Depression. Auch wenn wir heute wissen, dass für die meisten Depressionen eine biologische Verursachung bzw. Mitverursachung angenommen werden kann, spielen doch Umgebungsfaktoren, psychosoziale Konstellationen und Beziehungen eine relevante Rolle bei Ausgestaltung, Verlauf und Therapieansprechen depressiver Zustände.

Durch die Vielfalt ihrer Erscheinungsformen, durch ihre vielen Gesichter werden Depressionen nicht selten verkannt, werden depressive Zustände nicht immer richtig zugeordnet und leider auch nicht immer richtig behandelt. Neben den sogenannten rezidivierenden unipolaren und bipolaren affektiven Erkrankungen sind Depressionen als direkte und indirekte Folge körperlicher Erkrankungen, vor allem Erkrankungen des Zentralnervensystems nicht selten. Viele Substanzen, die gegen andere Erkrankungen verordnet werden, von Antibiotika bis zu Zytostatika, können ebenso wie Alkohol und Drogen Depressionen hervorrufen. Reaktionen auf Lebensereignisse und chronische Belastungen können zu verschiedenen depressiven Symptomkonstellationen führen und nur bei richtiger Differenzierung lege artis behandelt werden, ebenso wie komorbide depressive Zustände bei anderen psychischen Erkrankungen.

Ziel dieses Buches ist eine Darstellung der vielen Gesichter der Depression mit Symptomatik, diagnostischen Kriterien, Informationen zum Verlauf und Hinweisen auf mögliche Therapiestrategien. Denn aus unserer Sicht ist es wichtig, dass nicht nur Psychiater, sondern alle behandelnden Ärzte - der Hausarzt, der niedergelassene Facharzt einer somatischen Fachrichtung, klinisch tätige Ärzte in internistischen, chirurgischen und anderen Fachabteilungen von Krankenhäusern – die verschiedenartigen depressiven Zustände erkennen und entsprechende diagnostische Maßnahmen und Behandlungsschritte einleiten.

Bonn und Halle, im Dezember 2000

Anke Rohde
Andreas Marneros

Autoren

Prof. Dr. med. Anke Rohde
Gynäkologische Psychosomatik
Universitätsfrauenklinik Bonn
Sigmund-Freud-Str. 25
53105 Bonn

Prof. Dr. med. Andreas Marneros
Klinik für Psychiatrie und Psychotherapie
Universität Halle-Wittenberg
06097 Halle

Inhaltsverzeichnis

1. **Einleitung**

Die Depression hat viele Gesichter. Dies schrieb bereits Aretäus von Kappadokien, der berühmte griechische Arzt des 1. Jahrhunderts nach Christi (übrigens der erste Beschreiber der bipolaren Form affektiver Erkrankungen). So schrieb er: *"Die Melancholie tritt aber nicht immer in ein und derselben Form auf"*.

Es ist richtig, die Depression tritt zwar in verschiedenen Formen auf – und insofern hat sie vielerlei Gesichter – aber jede Form der Depression hat ein und denselben Kern. Und für jede Form gilt, was auch die berühmte amerikanische Psychologin und Professorin für Psychiatrie und selbst an einer manisch-depressiven Störung erkrankte Kay Redfield Jamison schrieb: *"Depression is awful beyond words or sounds or images"*.

> Dieser "Kern" der Depression wurde im Jahr 1845 schon vom Gründer der deutschen wissenschaftlichen Psychiatrie, Wilhelm Griesinger, zutreffend beschrieben: *"Das Grundleiden bei allen psychischen Depressionszuständen besteht in dem krankhaften Herrschen eines peinlichen, depressiven, negativen Affects, in einem psychisch-schmerzhaften Zustande."*

Auch heute hat sich trotz verbesserter Therapiemöglichkeiten an den Grundempfindungen der Patienten nichts verändert. Noch immer wird von Betroffenen geäußert: *"So etwas wünsche ich meinem schlimmsten Feind nicht"*.

Zwar hat die moderne psychiatrische Forschung wesentliche Fortschritte in der Diagnostik und Therapie depressiver Störungsbilder gemacht, dennoch kann eine Depression für einen Betroffnen eine todbringende Erkrankung sein. Suizidalität ist nach wie vor eine der großen Gefahren, die diese Erkrankung mit sich bringt. Das richtige Erkennen und Behandeln depressiver Zustände ist die beste Voraussetzung für eine gute Prognose der Erkrankung. Allerdings hat die Depression viele Gesichter, die sich nicht immer ohne weiteres deutlich zu erkennen geben. Depressionen können in vielen Erscheinungsformen auftreten und viele Zustände begleiten. Von psychologischen bis zu organischen Veränderungen reichen die (Mit)Ursachen für depressive Zustände, von situativen

Faktoren bis hin zur Substanzinduzierung. Eine Vielzahl von depressiven Facetten wird heute differenziert.

Ein Überblick über die "vielen Gesichter der Depression", über die große Variationsbreite und die vielfältigen klinischen Ausdrucksformen depressiver Verstimmungen soll in den folgenden Kapiteln gegeben werden.

2. Ein kurzer Streifzug durch die Geschichte

Depressionen sind seit Beginn der Menschheitsgeschichte bekannt und bereits vor über 2.400 Jahren erstmals wissenschaftlich beschrieben. Auch wenn Diagnostik und Therapie seit dieser Zeit riesige Fortschritte gemacht haben, sind das Erleben der Betroffenen und die Symptomatik einer Depression weitgehend gleich geblieben.

Depressionen sind Störungen, die seit dem Beginn der Geschichte der Menschheit und in allen Kulturen, Nationen, Religionen und geographischen Breiten bekannt sind. Die erste Beschreibung einer von einem Arzt und nicht von einem Priester oder Magier diagnostizierten psychischen Störung stellt einen depressiven Zustand dar. In Homers Werk "Ilias" untersuchte und diagnostizierte der Arzt Podaleirios, der Gründer der "Internistik", diese Störung bei Ajax. Das Konzept der Melancholie wurde von Hippokrates und seiner Schule vor etwa 2.400 Jahren entwickelt und hat durch die Jahrtausende hindurch überlebt. Einer der bekanntesten griechischen Ärzte des Altertums, Aretäus von Kappadokien, der während des 1. Jahrhunderts n. Chr. in Alexandria lebte, beschrieb die Zusammengehörigkeit von Melancholie und Manie. Er wertete sie als zwei Erscheinungsformen ein und derselben Erkrankung. Darüber hinaus unterschied er zwischen Melancholie und reaktiver Depression.

Die römischen Ärzte übernahmen die griechischen Konzepte, und byzantinische und arabische Autoren "retteten" sie durch das Mittelalter. Im 19. Jahrhundert begann die Verfeinerung und nosologische Differenzierung der geltenden Konzepte über affektive Störungen. Repräsentativ hierfür sind die Entwürfe von

- Johann Christian Heinroth (1818)
- Wilhelm Griesinger (1845)
- Jean-Pierre Falret (1851)
- Jules Baillarger (1854)
- Karl Kahlbaum (1863, 1884) und
- Emil Kraepelin (1899)

Entscheidend war der Beitrag von Jean-Pierre Falret im Jahre 1851, in welchem er die bipolaren Erkrankungen als eigenständige Entität beschrieb. Allerdings verwarf Emil Kraepelin dieses Konzept im Jahr 1899 und fasste alle depressiven und manischen Zustände als "manisch-depressives Irresein" in einer einheitlichen Gruppe zusammen. Trotz des Widerstandes gegen die Kraepelin'schen Ansichten, vor allem durch die Schule von Wernicke, Kleist und Leonhard, die wie auch einige französische Autoren für eine genaue Differenzierung zwischen unipolaren und bipolaren Erkrankungen eintraten, setzten sich die Ansichten Kraepelins bis in die sechziger Jahren des 20. Jahrhunderts fort. Erst im Jahr 1966 wurde durch die Arbeiten von Jules Angst und Carlo Perris die Eigenständigkeit von unipolaren und bipolaren Erkrankungen endgültig besiegelt (kurz darauf folgten entsprechende Arbeiten aus der Gruppe um George Winokur in den USA). Die Autoren konnten zeigen, dass zwischen den beiden Formen der affektiven Erkrankungen relevante Unterschiede in Klinik, Verlauf, Genetik und anderen paraklinischen Parametern bestehen.

Die Differenzierung zwischen Begriffen wie "psychotisch" und "neurotisch" oder auch "endogen" und "reaktiv" setzte sich bis in die achtziger Jahre fort. Die schwere Abgrenzbarkeit und schwache Validität der genannten Dichotomien führte schließlich dazu, dass derartige Unterscheidungen weitgehend reduziert bzw. abgeschafft wurden und in den heute geltenden Klassifikationssystemen, der ICD-10 und dem DSM-IV, nicht mehr verwendet werden.

Die früher gültige Auffassung, dass "endogene" Depressionen unabhängig sind von relevanten persönlichen Erlebnissen oder Lebensereignissen, erwies sich als nicht zutreffend. Das Trigonon "Diathese / stressvolle Ereignisse / biologisches Korrelat" gewann nach den 60er Jahren zunehmend an Bedeutung. Eine entscheidende Rolle spielte dabei die Entwicklung der modernen Pharmakotherapie der Depressionen seit Beginn der 50er Jahre. Dies führte zu einer Belebung der Depressionsforschung und zu großen klinischen und therapeutischen Effekten. Im Verlauf der Jahre wurden immer neue Antidepressiva mit neuen Eigenschaften und immer weniger Nebenwirkungen entwickelt. So begann in den 80er und 90er die Ära der selektiven Antidepressiva, die gezielt auf bestimmte Neurotransmittersysteme wirken und damit die Nebenwirkungen reduzieren. Einer der großen Siegeszüge – nicht nur in der Psychiatrie, sondern in der Medizin insgesamt – war die Einführung der Prophylaxe bei affektiven Erkrankungen, beginnend mit der Entdeckung der affektstabilisierenden Wirkung von Lithium durch Craig in Australien vor genau 50 Jahren. Nach der Etablierung der Lithium-Prophylaxe bei unipolaren und bipolaren affektiven Erkrankungen in den 60er / 70er Jahren folgte dann seit Mitte der 80er Jahre der Einsatz verschiedener Antikonvulsiva, wie etwa Carbamazepin und Valproat zur Langzeitprophylaxe.

Parallel zur immer intensiveren Erforschung biologischer Zusammenhänge und Weiterentwicklung von Psychopharmaka wurden in den letzten beiden Jahrzehnten auch zunehmend Wirksamkeitsstudien für verschiedene Psychotherapieverfahren durchgeführt, die bei der Depression zum Einsatz kommen. Auch für anderen Therapieformen, wie etwa die Lichttherapie, die Schlafentzugstherapie, die Elektrokrampftherapie konnte für bestimmte Indikationen die Wirksamkeit nachgewiesen werden. Ergebnis empirischer Forschung ist heute bei den meisten Depressionsformen ein therapeutischer Ansatz, der biologische und psychotherapeutische Therapiestrategien kombiniert.

Trotz der Fortschritte in der Therapie depressiver Erkrankungen mussten Studien zu Beginn der 90er Jahre bestätigten, dass - entgegen der Auffassung des Gründers des Konzeptes manisch-depressiver Erkrankungen, Emil Kraepelin - nach wie vor eine nicht geringe Zahl von Patienten (nämlich über 20 %) nach längerer Krankheitsdauer persistierende Alterationen entwickeln. Es gibt also weiterhin einen erheblichen Forschungsbedarf zu Prävention und Therapie psychischer Erkrankungen insgesamt und depressiver Störungen im besondern. In diesem neuen Jahrhundert wird mit Sicherheit die Genetik dabei eine entscheidende Rolle spielen. Allerdings können wir zur Zeit nur sicher sagen, dass dieser Bereich der psychiatrischen Forschung noch in den Kinderschuhen steckt.

3. Begriffsbestimmungen und Definitionen

3.1. Was ist eine Depression?

Die Kernsymptomatik einer Depression besteht in einer erheblichen Beeinträchtigung der psychischen Befindlichkeit mit im Vordergrund stehender Störung von Affektivität, Aktivität und Empfinden. Eine Vielzahl von psychopathologischen Symptomen kann auftreten; Depressionen können sich in einer großen Variationsbreite klinischer Erscheinungsbilder zeigen.

Als Depression wird jener psychische Zustand bezeichnet, der als Kernsymptomatik die Beeinträchtigung von **Affektivität, Aktivität und Empfinden** aufweist ist. Die Störung der Affektivität erscheint als niedergedrückte Stimmung, die der Aktivität als Antriebsminderung und die Störung des Empfindens als Anhedonie, also als Genussunfähigkeit. Störungen in vielen anderen Funktionsbereichen begleiten die genannte Kernsymptomatik, wie in Tabelle 3.1 gezeigt wird.

Gestörte Funktionsbereiche bei der Depression*
• Affektivität
• Antrieb
• Empfinden und Fühlen
• Willen
• Wahrnehmung
• Denken und andere kognitive Funktionen
• Erinnerung
• Ausdruck und Kommunikation
• Vegetativum
• Schlaf
• Biologische Rhythmen und assoziierte Funktionen

Tab. 3.1: Gestörte Funktionsbereiche bei der Depression (* aus Marneros 1999).

Bei manchen Patienten kann man statt einer Minderung eine Steigerung der Aktivität beobachten. Auf den ersten Blick könnte das als konträr zur vorgenannten Definition erscheinen, entspricht jedoch den klinischen Erfahrungen. Diese "gesteigerte" Aktivität, etwa bei der **agitierten Depression**, ist in der Regel ungeordnet, ungezielt, uneffektiv. Sie wird im allgemeinen von Angst, Unruhe und innerer Spannung getragen.

Bei Depressionen kann eine **Vielzahl von Symptomen** auftreten. Die häufigsten und charakteristischsten depressiven Symptome sind in Tabelle 3.2 aufgeführt. Die Trennung zwischen den einzelnen Gruppen von Symptomen wirkt manchmal etwas künstlich, ist aber der besseren Übersichtlichkeit wegen sinnvoll. Die depressive Symptomatik variiert von Patient zu Patient beträchtlich; allerdings ergeben sich bestimmte typische Konstellationen bzw. Typen depressiver Syndrome (☞ Kapitel 8.4.).

Es gibt eine Reihe verschiedener, teils sehr breiter Definitionen der Depression. Dadurch werden teilweise inhomogene Gruppen depressiver Zustände erfasst. Auch die Definition depressiver Zustände in den modernen Klassifikationssysteme, wie etwa ICD-10 oder DSM-IV, variiert erheblich. Was man z.B. früher als "endogene Depression" oder "Melancholie" bezeichnete, repräsentiert heute nur einen Teil der nach ICD-10 erfassten "depressiven Episoden" bzw. der "Major Depression" des DSM-IV.

Häufigste depressive Symptome
Affektstörungen und Störungen des Empfindens
• depressive Verstimmung
• Ängstlichkeit (frei flottierende Angst, Panikattacken)
• Anhedonie (Herabsetzung der Genussfähigkeit)
• Freudlosigkeit
• Gefühl der Gefühllosigkeit
• vermindertes Selbstwertgefühl und Selbstvertrauen
• Insuffizienzgefühle
• Schuldgefühle
Konzentrationsstörungen/ Formale Denkstörungen
• Konzentrationsstörungen
• Aufmerksamkeits-/Auffassungsstörungen
• Grübeln
• Denkverlangsamung/Denkhemmung
Antriebsstörungen
• Antriebsminderung bis hin zu Apathie und Stupor
• Agitiertheit
Vitalgefühle/somatische Symptome
• Adynamie und allgemeine Herabsetzung der Vitalität (erlebtes Gefühl der Mattigkeit oder Müdigkeit)
• körperliche Missempfindungen (Coenästhesien, z.B. Engegefühl in der Brust, Globusgefühl)
• Appetitstörungen mit Gewichtsverlust
• Libidoverlust
• Andere vegetative Dysfunktionen
Schlafstörungen
• Einschlaf- und Durchschlafstörungen
• Früherwachen
• Verkürzung der Schlafperiode
• Unruhiger Schlaf, häufig mit Angstträumen
Suizidalität
• "Lebensmüde Gedanken"
• Suizidale Gedanken und Impulse
• Suizidversuche
Produktiv-psychotische Symptome
• Depressiver Wahn (z.B. Schuldwahn, nihilistischer Wahn, Verarmungswahn)
• Synthyme Halluzinationen (selten)

Tab. 3.2: Häufigste depressive Symptome.

3.2. Melancholie und endogene Depression

> Das Konstrukt der Melancholie bzw. endogenen Depression ist in modernen Klassifikationssystemen in einer erweiterten Form erhalten geblieben.

Das von Hippokrates konzipierte **Konstrukt der Melancholie**, das bis zur Mitte des 19. Jahrhunderts mehr oder weniger unverändert galt, ist nicht völlig identisch mit dem heutigen Konzept der Melancholie bzw. endogenen Depression. Es war viel breiter angelegt und beinhaltete auch andere psychopathologische Zustände, die wir nach der heutigen Definition nicht zur Melancholie zählen würden.

Der **Begriff "endogene Depression"** ist zwar ätiologisch gedacht (endon = "von innen" bzw. ohne erkennbaren Anlass, genein = verursacht) als Abgrenzung z.B. von der "exogenen Depression" (von außen verursacht, z.B. durch eine Intoxikation), damit wurde jedoch gleichzeitig eine bestimmte Symptomkonstellation gemeint (ein depressives Syndrom mit typischer Symptomatik, wie etwa vitale Traurigkeit, Antriebsmangel, typischen Schlafstörungen mit Früherwachen, Tagesschwankungen mit Morgentief, Appetitminderung; häufig auch psychotischen Symptomen, wie etwa Schuld- oder Verarmungswahn). Die später erkannte Schwierigkeit der Abgrenzung depressiver Zustände als "endogen", "neurotisch" oder "reaktiv" führte dazu, dass der Begriff "endogen" weitgehend verlassend wurde zugunsten der rein deskriptiven Bezeichnung "melancholisch" oder durch Synonyma: In der ICD-10 werden Begriffe wie "somatisches", "melancholisches", "biologisches", "vitales" oder auch "endomorphes" depressives Syndrom verwendet. Im DSM-IV gibt es die "depressive Episode mit melancholischen Merkmalen". Die diagnostischen Kriterien für die Melancholie sind bei beiden Klassifikationssystemen praktisch identisch. Die ICD-10-Kriterien für die Diagnose Melancholie ("Depressive Episode mit somatischem Syndrom") sind in Kap. 8.2. dargestellt. Der Begriff "endogene Depression" wird zwar in der Praxis noch verwendet, taucht aber in den hauptsächlich deskriptiv angelegten psychiatrischen Klassifikationssystemen (ICD-10 / DSM-IV) nicht mehr auf.

Im Vergleich zu depressiven Symptomkonstellationen ohne melancholische Merkmale zeigt sich bei melancholischen Episoden deutlicher die "biologische'" bzw. "genetische" Komponente. Sie haben beispielsweise eine stärkere Beziehung zum Dexamethasonsuppressions-Test mit Nonsuppression und reduzierter REM-Latenz; die Neigung zu Rezidiven ist stärker als bei anderen depressiven Syndromen und Betroffene haben häufiger Verwandte 1. Grades mit einer "endogenen Depression".

3.3. Endogen vs. Neurotisch

> In den modernen psychiatrischen Diagnosesystemen ist die Differenzierung zwischen "endogen" und "neurotisch" mit Zunahme des Wissens über Depressionen aufgegeben worden. Der Begriff "neurotische Depression" wurde durch das Konzept der Dysthymie ersetzt.

Die Begriffe "endogene" und "neurotische" Depression haben sehr viel von ihrer Gültigkeit eingebüßt und sind in ihrer Bedeutung reduziert worden. Die Auffassung vieler Autoren zu Beginn dieses Jahrhunderts, nämlich dass relevante Lebensereignisse für die Entstehung einer sogenannten endogenen Depression nur eine untergeordnete Rolle spielen (höchstens als Provokation bzw. Auslöser), ist heute weitgehend relativiert. Dadurch verlor auch der Begriff der "Endogenität" seine Validität(☞ Kap. 3.2).

Viel problematischer war das Konzept der neurotischen Depression. Die Breite und Ungenauigkeit bzw. schwache Validität des Konstruktes "neurotisch" insgesamt führte dazu, dass auch der Begriff "neurotische Depression" in den neuen internationalen Klassifikationssystemen nicht mehr aufgenommen wurde. Der Begriff "Dysthymie" ersetzte weitgehend nicht nur aus pragmatischen, sondern auch aus theoretischen und konzeptionellen Gründen den Begriff "neurotische Depression".

3.4. Normales und Pathologisches

> Nicht jedes Vorhandensein von Traurigkeit oder depressiver Verstimmung bedeutet automatisch, dass es sich um ein pathologisches Geschehen handelt. Erst bestimmte Symptomkonstellationen mit bestimmter Intensität und Dauer erfüllen die Kriterien einer krankhaften, behandlungsbedürftigen Störung.

Einzelne "depressive" Phänomene bedeuten noch nicht etwas Krankhaftes; die Diagnose "Depression" wird dadurch nicht gerechtfertigt. Erst eine bestimmte depressive Symptomkonstellation, die intensiv und langandauernd genug ist, um das psychische und soziale Leben eines Menschen zu beeinträchtigen, darf als "pathologisch" bezeichnet werden; solche pathologischen Symptomkonstellationen sind in den psychiatrischen Klassifikationssystemen genau definiert (wie etwa ICD-10 und DSM-IV). Es ist eine menschliche Eigenschaft, Traurigkeit zu erleben oder Angst zu empfinden, und dies darf nicht einfach pathologisiert werden. Man kann es folgendermaßen formulieren:

> Traurigkeit ist normal und Depression ist krankhaft.

Die schon zitierte Professorin der Psychiatrie und Betroffene Kay Redfield Jamison drückte es auf folgende Weise aus: *"But grief, fortunately, is very different from depression: it is sad, it is awful, but it is not without hope."*

Die Schwierigkeiten bei der genauen Grenzziehung zwischen Normalem und Pathologischem sind auch von Bedeutung für die sogenannten "unerkannten Depressionen" und deren Häufigkeit. Manche Autoren haben die Tendenz, alle Zustände mit "depressiven Symptomen" als Depression zu bezeichnen, unabhängig davon, ob diese Symptome lediglich eine "normale" Antwort auf unangenehme Erlebnisse oder Ereignisse sind, unabhängig von Intensität und Dauer der Erscheinungen und unabhängig davon, ob die Kriterien einer Störung (z.B. nach ICD-10) erfüllt sind. Es wird von Depressionen gesprochen, auch wenn es sich vielleicht nur um ableitbare Traurigkeit bzw. Trauer handelt und auch, wenn der psychische Zustand nicht behandlungsbedürftig ist. Legt man einen so breiten Depressions-Begriff zugrunde, wie manche Autoren es tun, dann kommt man wie sie zu dem Ergebnis, dass viele Formen der Depression "undiagnostiziert", "unerkannt" oder "unerfasst" bleiben. Andererseits darf man nicht in das andere Extrem verfallen und jede Reaktion auf Enttäuschungen, Unglück und Trauer als "normales menschliches Verhaltensmuster" ansehen. Je nach Symptomkonstellation und Auswirkungen auf das soziale Leben der Betroffenen kann es sich auch bei einem vorhandenen "auslösenden Ereignis" sehr wohl um eine im psychiatrischen Sinne pathologische und behandlungsbedürftige Reaktion handeln. Das gleiche gilt für depressive Verstimmungen, die als Begleiterscheinungen somatischer Erkrankungen auftreten. Wichtig ist die Differenzierung, ob es sich noch um eine "normale menschliche Reaktion", eine behandlungsbedürftige depressive Reaktion oder aber auch eine organische Depression handelt. Diese Schwierigkeiten der Abgrenzung tragen dazu bei, dass viele Depressionsformen tatsächlich unerkannt, undiagnostiziert, unerfasst" und letzten Endes unbehandelt bleiben. Eine genaue Differenzierung zwischen "normal" und "pathologisch" ist also bei jeder Art depressiver Verstimmung immer erforderlich. Hilfestellung dabei leisten die psychiatrischen Klassifikationssysteme mit den darin enthaltenen Definitionen und Kriterien verschiedenartiger Störungen (wie etwa das Instrument der Weltgesundheitsorganisation, die ICD-10, ☞ Kap. 4.). Diese Kriterien werden weltweit angewandt, so dass auch über nationale und kulturelle Grenzen hinweg eine grundsätzliche Verständigung über "Normales" und "Pathologisches" möglich ist.

4. Die Definition der Depression in den modernen Klassifikationssystemen (ICD-10 und DSM-IV)

Die aktuell angewandten Diagnosesysteme in der Psychiatrie sind die ICD-10 und das DSM-IV. Depressive Syndrome können sowohl querschnittsmäßig als auch im Längsschnitt verschiedenen Kategorien affektiver Störungen zugeordnet werden.

4.1. ICD-10

Die ICD (International Classification of Diseases) ist das allgemeine medizinische Diagnosesystem der WHO. Zwischenzeitlich liegt es in der 10. Revision vor (ICD-10). ICD-10-Kriterien gibt es für alle medizinischen Fachbereiche, die psychiatrischen Diagnosen sind im Bereich "F" niedergelegt. Die Kriterien sind überwiegend klinisch orientiert und deshalb in Forschungsprojekten weniger valide als z.B. die DSM-IV-Kriterien. Im Vordergrund steht das Bemühen, für den klinisch tätigen Arzt im Alltag anwendbare diagnostische Kriterien zu schaffen und diese weltweit anwendbar zu machen.

Die ICD-10 beschreibt die depressiven Zustände (depressiven Episoden) als einen Zustand mit gedrückter Stimmung, Interessenverlust, Freudlosigkeit und Minderung des Antriebes. Die Verminderung der Energie führt zu erhöhter Ermüdbarkeit und Aktivitätseinschränkung. Deutliche Müdigkeit tritt oft nach nur kleinen Anstrengungen auf. Die gedrückte Stimmung ändert sich von Tag zu Tag wenig, reagiert meist nicht auf die jeweiligen Lebensumstände, kann aber charakteristische Tagesschwankungen aufweisen. Angst, Gequältsein und motorische Unruhe können zusätzlich auftreten und manchmal im Vordergrund der Depression stehen. Die gedrückte Stimmung kann durch weitere Symptome wie Reizbarkeit, exzessiven Alkoholgenuss, histrionisches Verhalten, Verstärkung bereits früher vorhandener phobischer oder zwanghafter Symptome oder durch hypochondrische Grübeleien verdeckt sein.

Für die Diagnose nach ICD-10 ist eine Dauer der genannten Veränderungen von mindestens zwei Wochen Voraussetzung. Kürzere Zeiträume können berücksichtigt werden, wenn die Symptome ungewöhnlich schwer oder ungewöhnlich schnell aufgetreten sind.

Die depressiven Zustände werden in der ICD-10 im Kapitel F3 "Affektive Störungen" beschrieben. Depressive Zustandsbilder werden nach den Kriterien, die in Kapitel 8.2. dargestellt sind, kategorisiert. Depressive Zustände (ICD-10 F32) können in unterschiedlicher Intensität auftreten, wobei die Unterscheidung in

- leichte (F32.1)
- mittelgradige (F32.2) und
- schwere depressive Episoden (F32.3)

empfohlen wird. Tabelle 4.1 gibt außerdem einen Überblick über die verschiedenen Verlaufsformen affektiver Störungen nach ICD-10. Darüber hinaus finden sich diagnostische Kategorien für depressive Zustände in

- F0 (Organische psychische Störungen)
- F1 (Substanzinduzierte Störungen) und
- F4 (Neurotische-, Belastungs- und somatoforme Störungen)

Affektive Störungen nach ICD-10 (F3)		
F31	Bipolare affektive Störung	Rezidivierende affektive Episoden (manische und ggf. auch depressive Episoden)
F32	Depressive Episode	Depressive Episoden (leicht, mittelgradig, schwer)
F33	Rezidivierende depressive Episode	Rezidivierende depressive Episoden (leicht, mittelgradig, schwer)
F34	Anhaltende affektive Störungen	Zyklothymia, Dysthymia
F38	Sonstige affektive Störungen	z.B. kurzdauernde depressive Episoden (< 2 Wochen), rezidivierende kurze depressive Störung (recurrent brief depressive disorder)

Tab. 4.1: Affektive Störungen nach ICD-10 (F3).

4.2. DSM-IV

Das DSM-IV ist das psychiatrische Klassifikations-
system der APA (American Psychiatric Associa-
tion). In Deutschland werden DSM-IV-Kriterien
hauptsächlich zu Forschungszwecken eingesetzt,
da sie oftmals differenzierter und genauer formu-
liert sind als die klinisch orientierten Kriterien der
ICD-10.

Im DSM-IV werden die affektiven Erkrankungen
in der Weise differenziert wie in Tabelle 4.2 dargestellt.

Affektive Störungen nach DSM-IV		

296.xx
296.2x
296.3x
300.4
	Depressive Störungen	• Major Depression
		  - einzelne Episode
		  - rezidivierend
		• Dysthyme Störung

296.xx 296.89 301.13	Bipolare Störungen	• Bipolar I Störung • Bipolar II Störung • Zyklothyme Störung
293.83	Affektive Störung aufgrund eines medizinischen Krankheitsfaktors	• Affektive Störung im Zusammenhang mit somatischen Erkrankungen (= organische Depression)
293.83	Substanzinduzierte affektive Störung	• Affektive Störung im Zusammenhang mit psychotropen Substanzen (Intoxikation/Entzug)

Tab. 4.2: Affektive Störungen nach DSM-IV.

5. Häufigkeit von Depressionen

5.1. Unipolare Depressionen

Unter Berücksichtigung epidemiologischer Studien beträgt die Gesamtprävalenz unipolarer Depressionen in westlichen Ländern zwischen 5 und 15 %; werden leichtere und klinisch nicht diagnostizierte bzw. nicht behandelte Depressionen hinzugerechnet, liegen die Zahlen noch höher. Frauen sind deutlich häufiger als Männer betroffen. Das durchschnittliche Erstmanifestationsalter liegt bei klinisch relevanten Formen zwischen dem 35. und 45. Lebensjahr.

Depressionen sind häufige Störungen. Die Angaben in der Literatur bezüglich ihrer Prävalenz sind sehr unterschiedlich. Diese Unterschiede sind wahrscheinlich auf methodische und kulturelle Einflüsse zurückzuführen. Versucht man eine Zusammenfassung der epidemiologischen Studien zur Häufigkeit von unipolaren Depressionen (☞ Tab. 5.1), kann man von einer Gesamtprävalenz von 5 bis 10 % ausgehen.

Betrachtet man nur den "westlichen" Kulturkreis (Nordamerika, Europa, Australien, Neuseeland), kann man die Lebenszeitprävalenz für unipolare Depression mit 5-15 % bestimmen (nach neueren Untersuchungen, die die vielen sogenannten unerkannten Depressionen berücksichtigen, sogar mit 12-17 %).

5.1.1. Geschlechterverhältnis

Frauen erkranken anderthalb- bis dreimal häufiger an einer unipolaren Depression als Männer. Die entsprechenden epidemiologischen Daten sind ebenfalls in Tabelle 5.1 dargestellt.

5.1.2. Erkrankungsalter

Offensichtlich gibt es eine Diskrepanz zwischen dem Erstmanifestationsalter der klinischen Populationen und demjenigen, das die epidemiologischen Studien bei der Allgemeinbevölkerung erfassen. In den klinischen Studien wird der Gipfel der Erstmanifestation unipolarer Depressionen zwischen dem 35. und 45. Lebensjahr angegeben, während es in den epidemiologischen Studien zwischen dem 25. und 35. Lebensjahr liegt. Diese Diskrepanz ist so zu erklären, dass bei den klinischen Populationen in der Regel Patienten mit schweren Depressionen überwiegen, also Patienten die vorwiegend an einer sogenannten melancholischen bzw. endogenen Depression leiden. Diese Formen der Depression sind offensichtlich mit einem höheren Durchschnitt des Ersterkrankungsalter verbunden als andere Formen. Epidemiologische Studien erfassen jedoch ein viel breiteres Spektrum, auch leichte und unerkannte Formen der Depression und sogenannte klinisch irrelevante Depressionen, die offensichtlich auch bereits im jüngeren Alter auftreten können. In diesem Zusammenhang muss allerdings angemerkt werden, dass Depressionen in jedem Alter zum erstenmal auftreten können und dass sie vom Kindes- bis zum Greisenalter vorkommen können (☞ auch Kapitel 16. und 17.).

5.1.3. Andere Risikofaktoren

Manche Autoren berichten, dass in den Städten Depressionen häufiger als auf dem Land vorkommen, andere Studien konnten dies nicht bestätigen. Dagegen zeigen nahezu alle Untersuchungen, dass geschiedene oder getrennt lebende Menschen ein höheres Risiko haben, an einer unipolaren Depression zu erkranken, als Ledige oder Verheiratete. In manchen Studien wird Arbeitslosigkeit als ein Risikofaktor für eine unipolare Depression angegeben. Einige Untersuchungen zeigen auch Hinweise darauf, dass in den letzten Jahrzehnten die Häufigkeit von Depressionen zunimmt; dieser Befund wurde jedoch bisher nicht ausreichend belegt.

5.2. Bipolare affektive Störungen

Bipolare affektive Störungen sind im Vergleich zu unipolaren Depressionen mit einer Lebenszeitprävalenz zwischen 0,5 und 1,5 % sehr viel seltener. Frauen und Männer sind etwa gleich oft betroffen. Das durchschnittliche Ersterkrankungsalter liegt zwischen 25 und 35 Jahren.

Bipolare affektive Störungen sind seltener als unipolare, unter Wertung der vorhandenen epidemiologischen Studien (☞ Tab. 5.2) ist von einer

Zusammenfassung einiger Studien zur Epidemiologie der unipolaren Depression*				
Studie	Gesamt-prävalenz	Quotient Frauen / Männer	Beobach-tungs-zeitraum[1]	Stichprobenumfang und Besonderheiten
Epidemiologic Catchment Area Study (ECA), USA (Robins und Regier 1991, Weissman et al. 1996)	2,7 % 5,2 %	2,9 : 1 2,6 : 1	1 Jahr LZ	18 571, 5 Gebiete, gut auf Repräsentativität kontrolliert
Edmonton, Kanada (Weissman et al. 1996, Spaner et al. 1994)	9,6 %	1,9 : 1	LZ	3 258, Stadt, auf Repräsentativität kontrolliert
Puerto Rico (Canino et al. 1987, Weissman et al. 1996)	4,3 %	1,8 : 1	LZ	1 513, Insel, auf Repräsentativität kontrolliert
Savigny bei Paris (Lépine 1994, Weissman et al. 1996)	16,4 %	2,1: 1	LZ	1 746, Neubauvorort
München (Wittchen et al. 1992, Weissman et al. 1996)	9,2 %	3,1 : 1	LZ	481, kontrollierte Stichprobe aus "alter BRD", Alter 26-64 Jahre
Florenz (Faravelli et al. 1990, Weissman et al. 1996)	12,4 %	3,0 : 1	LZ	1 000, aus Allgemeinarztpraxen rekrutierte Stichprobe
Beirut, Libanon (Weissman et al. 1996)	19,0 %	1,6 : 1	LZ	526, verschiedene Regionen, die vom Bürgerkrieg betroffen waren
Taiwan (Hwu et al. 1989, Weissman et al. 1996)	1,5 %	1,6 : 1	LZ	11 004, 11 Gebiete, gut auf Repräsentativität kontrolliert
Korea (Lee et al. 1990a, Lee et al. 1990b, Weissman et al. 1996)	2,9 %	2,0 : 1	LZ	5 100, verschiedene Gebiete, kontrollierte Stichprobe
Christchurch, Neuseeland (Wells et al. 1989, Weissman et al. 1996)	11,6 %	2,1 : 1	LZ	1 498, eine Stadt, kontrollierte Stichprobe
National Comorbidity Survey (NCS), USA (Kessler et al. 1994, Kaelber et al. 1995)	8,6 % 14,9 %	1,8 : 1 1,7 : 1	1 Jahr LZ	8 098, sehr aufwendig kontrolliert
Finnland (Isometsä et al. 1997)	4,1 %	1,9 : 1	6 Monate	2 293, telephonische Interviews, kontrollierte Stichprobe

Tab. 5.1: Zusammenfassung einiger Studien zur Epidemiologie der unipolaren Depression.
* modifiziert nach Brieger, in: Marneros, 1999;
[1] LZ = Lebenszeitprävalenz, 1 Jahr = Einjahresprävalenz, 6 Monate = 6-Monatsprävalenz.

Lebenszeitprävalenz von etwa 0,5 bis 1,5 % auszugehen.

5.2.1. Geschlechterverhältnis

Anders als bei den unipolaren Formen erkranken Männer und Frauen etwa gleichhäufig an einer bipolaren Störung; die entsprechenden Zahlen aus epidemiologischen Untersuchungen sind ebenfalls in Tabelle 5.2 dargestellt.

5.2.2. Erkrankungsalter

Das durchschnittliche Ersterkrankungsalter ist bei den bipolaren Erkrankungen niedriger als bei unipolaren Erkrankungen und liegt im Durchschnitt in der Mitte der dritten bis Mitte der vierten Lebensdekade (also 25 bis 35 Jahre). Erstmanifestationen in höherem Lebensalter sind - im Gegensatz zur unipolaren Depression - selten.

5.2.3. Andere Risikofaktoren

Im Gegensatz zur unipolaren Depression ist die Bedeutung soziodemographischer Daten für die Manifestation bipolarer Erkrankungen nicht deutlich. Auch bezüglich der manchmal vermuteten Zunahme der Häufigkeit bipolaren Erkrankungen ist Zurückhaltung geboten: Entsprechende Veränderungen der Häufigkeit sind vorwiegend auf Veränderungen der diagnostischen Instrumentarien oder der angewandten diagnostischen Kriterien zurückzuführen. So wird beispielsweise ein Krankheitsbild, das früher als Schizophrenie diagnostiziert wurde, nach bestimmten Diagnosesystemen als psychotische Manie eingeordnet.

5.3. Dysthymie

> Bisher liegen zur Dysthymie noch wenige epidemiologische Studien vor. Von einer Gesamtprävalenz von über 3 % ist auszugehen. Frauen sind häufiger betroffen als Männer.

Auch bezüglich der Dysthymie (früher auch als neurotische Depression bezeichnet) gibt es Variationen bei den Befunden zur Häufigkeit, obwohl noch sehr viel weniger Untersuchungen unter Verwendung moderner Kriterien vorliegen. Einige epidemiologische Studien sind in Tabelle 5.3 zusammengefasst. Nach den derzeit vorhandenen Untersuchungen scheint die Gesamtprävalenz über 3 % zu liegen.

5.3.1. Geschlechterverhältnis

In fast allen Untersuchungen zur Dysthymie zeigt sich, dass Frauen häufiger erkranken als Männer, im Durchschnitt etwa zweimal häufiger(☞ Tab. 5.3).

5.3.2. Ersterkrankungsalter

Es zeigt sich eine Abnahme der Häufigkeit der Dysthymie bei der älteren Population (über 65 Jahre), während die Prävalenzraten bei den 30- bis 65jährigen weitgehend gleich verteilt sind, ohne eindeutigen Erkrankungsgipfel.

5.3.3. Andere Risikofaktoren

Es konnte gezeigt werden, dass die Dysthymie häufiger bei Unverheirateten und bei Menschen mit geringerem Einkommen auftritt. Diese sozioökonomischen Parameter sind Hinweise auf vorhandene Konfliktsituationen und unbewältigte Situationen, die eventuell in einem Zusammenhang mit der Dysthymie stehen können.

5.4. Andere depressive Störungsbilder

Die Häufigkeit der **Schizodepression** (schizodepressive Episode) ist epidemiologisch noch nicht genau erfasst. Man geht davon aus, dass etwa 20 % aller psychotischen Patienten an einer schizoaffektiven Erkrankung leiden. Ebenfalls keine sicheren epidemiologischen Untersuchungen existieren hinsichtlich der "organischen Depression", der "substanzinduzierten Depression" sowie der "Zyklothymie" und anderen affektiven Störungen.

Zusammenfassung einiger Studien zur Epidemiologie der bipolaren affektiven Störungen*			
Studie	Gesamt-prävalenz (Lebenszeit)	Quotient Frauen / Männer	Stichprobenumfang und Besonderheiten
Epidemiologic Catchment Area Study (ECA), USA (Robins und Regier 1991, Weissman et al. 1996)	0,8-0,9 %	1,2 : 1	18 571, 5 Gebiete, gut auf Repräsentativität kontrolliert
Edmonton, Kanada (Weissman et al. 1996, Fogarty et al. 1994)	0,6 %	0,7 : 1	3 258, Stadt, auf Repräsentativität kontrolliert
Puerto Rico (Canino et al. 1987, Weissman et al. 1996)	0,6 %	0,6 : 1	1 513, Insel, auf Repräsentativität kontrolliert
Florenz (Faravelli et al. 1990)	1,6 %	2,9 : 1	1 000, aus Allgemeinarztpraxen rekrutierte Stichprobe
Taiwan (Hwu et al. 1989, Weissman et al. 1996)	0,3 %	1,0 : 1	11 004, 11 Gebiete, gut auf Repräsentativität kontrolliert
Korea (Lee et al. 1990a, Lee et al. 1990b, Weissman et al. 1996)	0,4 %	0,3 : 1	5 100, verschiedene Gebiete, kontrollierte Stichprobe
Christchurch, Neuseeland (Wells et al. 1989, Weissman et al. 1996)	1,5 %	0,7 : 1	1 498, eine Stadt, kontrollierte Stichprobe
National Comorbidity Survey (NCS), USA (Kessler et al. 1994, Kessler et al. 1997a)	0,4 %	1,1 : 1	8 098, sehr aufwendig kontrolliert. Die Erfassung von Bipolaren Störungen durch das UM-CIDI

Tab. 5.2: Zusammenfassung einiger Studien zur Epidemiologie der bipolaren affektiven Störungen.
* modifiziert nach Brieger, in: Marneros, 1999.

Zusammenfassung einiger Studien zur Epidemiologie der Dysthymie*			
Studie	Gesamt-prävalenz (Lebenszeit)	Quotient Frauen / Männer	Stichprobenumfang und Besonderheiten
Epidemiologic Catchment Area Study (ECA), USA (Robins und Regier 1991)	3,1 %	1,9 : 1	18 571, 5 Gebiete, gut auf Repräsentativität kontrolliert
Edmonton, Kanada (Bland et al. 1988)	3,7 %	2,4 : 1	3 258, Stadt, auf Repräsentativität kontrolliert
Puerto Rico (Canino et al. 1987)	4,7 %	4,8 : 1	1 513, Insel, auf Repräsentativität kontrolliert
München (Wittchen et al. 1992)	4,0 %	2,2 : 1	481, kontrollierte Stichprobe aus "alter BRD", Alter 26-64 Jahre
National Comorbidity Survey (NCS), USA (Kessler et al. 1994)	6,4 %	1,7 : 1	8 098, sehr aufwendig kontrolliert

Tab. 5.3: Zusammenfassung einiger Studien zur Epidemiologie der Dysthymie .
* modifiziert nach Brieger, in: Marneros, 1999.

6. Transkulturelle Aspekte

> Depressionen treten unabhängig von kulturel-
> ler, nationaler und religiöser Zugehörigkeit auf.
> Allerdings gibt es transkulturelle Unterschiede
> bezüglich Symptomatik und Thematik der De-
> pression.

Depressive Erkrankungen sind ubiquitär. Sie können in jeder Kultur, in jeder Religion und in jeder
Nation auftreten. Die Ergebnisse der transkultu-
rellen Forschung können in den folgenden drei
Punkten zusammengefasst werden:

1. Unipolare und bipolare Erkrankungen treten in
allen Kulturen, Nationen und Religionen auf. Die
Angaben jedoch über ihre Häufigkeit sind sehr unterschiedlich und noch nicht zuverlässig.

2. Es gibt ein Kernsyndrom depressiver Störungen
vor, das unabhängig von Kultur, Nation und Religion ist. Dieses Syndrom besteht in gedrückter
Stimmung, in Veränderungen von physiologi-
schen Funktionen (Schlaf, Appetit, vegetative
Funktionen) und Antriebsminderung.

Thematik der Depression und Verhalten depressiver Patienten in verschiedenen Kulturen*								
Gebiet (Autor)	Zahl der Patienten	Som. Beschwerden / Hypochondrie	Verarmungsangst	Schuld, Sünde	Leistungsversagen	Verfolgung, Beeinträchtigung	Suizidtendenz	Ausnahmezustände, hysteriform
Algerien (Manceaux u.a. 1955)	-	+++	-	+	-	++	-	-
Bulgarien (Milew u.a. 1967)	125	++	++	++	++	++	+++	-
Ghana (Forster 1966)	-	+++	-	++	-	++	+	-
Indien/Nord (Hoch 1961)	53	+++	-	++	++	+	++	++
Indien/Nord (Teja u.a. 1971)	100	+++	-	++	-	+	++	-
Indien/Süd (Venkoba Rao 1966)	30	+++	-	++	-	-	+++	-
Indonesien (Pfeiffer 1971)	53	++	+	+	+	+	+	
Japan (Kimura 1965)	350	++	++	++	++	-	++	-
Vietnam (Wulff 1967)	-	+++	++	++	-	-	+	++
Senegal (Collomb u.a. 1961)	95	+++	-	0	0	+++	+	-
Westafr. Militär (Aubin 1939)	-	+++	-	++	++	++	++	++

Tab. 6.1: Thematik der Depression und Verhalten depressiver Patienten in verschiedenen Kulturen.
* nach Pfeifer 1994, Quelle ☞ Marneros 1999;
Bedeutung der Zeichen: +++ häufig; ++ mäßig; + gelegentlich; 0 fehlend; - nicht erwähnt.

3. Depressive Zustände können eine erhebliche Variation der Symptomatik zeigen, die unter anderem auch kulturell bedingt ist (☞ Tab. 6.1). Anhand dieser Tabelle ist ersichtlich, dass vor allem Verarmungs- und Schuldgefühle sowie Suizidtendenzen kulturell unterschiedlich sind. In manchen afrikanischen Kulturen sind beispielsweise Schuldgefühle und Suizid sehr ungewöhnlich.

7. Ätiologische Konzepte

Ebenso wie bei anderen psychiatrischen Störungen geht man auch für die depressiven Erkrankungen von einer multifaktoriellen Verursachung aus.
Sogenannte "bio-psycho-soziale" Modelle zur Krankheitsentstehung berücksichtigen neben genetischen und verschiedenen biologischen Parametern eine Vielzahl psychosozialer, psychodynamischer und persönlichkeitsgebundener Faktoren.

Bezüglich der Verursachung psychischer Störungen im allgemeinen und auch depressiver Erkrankungen im besonderen besteht heute Einigkeit darüber, dass wir es mit einer **multikausalen Verursachung** zu tun haben. Sogenannte "**bio-psycho-soziale" Modelle** der Krankheitsentstehung beziehen die verschiedenen genannten ätiologischen Faktoren mit ein, ohne dass allerdings für die Bedeutung der einzelnen Faktoren und die Art des Zusammenspiels bisher schlüssige und allgemeingültige Beweise vorliegen. Noch schwieriger wird die Situation dadurch, dass auch psychische Einflussfaktoren (wie bestimmte Lebenserlebnisse, Konfliktsituationen, biographische Aspekte etc.), hormonelle Faktoren und auch sonstige somatische Faktoren dazu beitragen können, dass depressive Verstimmungen auftreten (☞ auch Tab. 7.1).

Selbst für die Gruppe der Störungen mit deutlichen psychischen "Ursachen" (wie etwa Belastungsreaktionen, Anpassungsstörungen, Essstörungen, Persönlichkeitsstörungen etc.) ist die Reduktion auf eine reine "psychogene" Verursachung nach allem, was wir zwischenzeitlich über biologische Vorgänge im Gehirn wissen, nicht mehr möglich. Auch bei diesen Störungsbildern sind biologische Vorgänge im Gehirn betroffen; ob als Ursache oder auch Konsequenz psychischer Erlebnisse, ist letzten Endes nicht geklärt.

Insbesondere bei den depressiven Episoden im Rahmen einer unipolaren oder bipolaren affektiven oder auch schizoaffektiven Störung ist von einer relevanten Beteiligung der **Neurotransmittersysteme** im Gehirn auszugehen. Stoffwechselvorgänge, an denen neben Serotonin unter anderem auch Noradrenalin und Acetylcholin sowie die entsprechenden Rezeptorsysteme beteiligt sind, werden postuliert. Deutlich wird bei den bisher bekannten Befunden aber, dass es auch in den Systemen der aminergen und cholinergen Neurotransmitter nicht ein einzelner Stoffwechselweg ist, der möglicherweise durch eine Störung eine depressive Symptomatik verursacht, sondern dass auch hierbei vielfältige Interaktionen zwischen den Systemen ablaufen und dass wahrscheinlich auch weitere Prozesse (z.B. die intrazelluläre Signalübertragung, Beeinflussung durch gonadale Hormone und exogen zugeführte Stoffe etc.) von Bedeutung sind.

Die in den letzten Jahrzehnten durchgeführten **Familienuntersuchungen** zeigen ganz eindeutig ein erhöhtes Risiko, an einer psychischen Störung zu erkranken, wenn Familienangehörige bereits erkrankt sind. Dies betrifft auch depressive Erkrankungen im Rahmen unipolarer bzw. bipolarer affektiver und schizoaffektiver Erkrankungen. Besonders hoch ist die Konkordanz bei Zwillingspaaren und am höchsten bei eineiigen Zwillingen. Dennoch konnte die genetische Forschung bisher kein einzelnes Gen identifizieren, das für die erhöhte Vulnerabilität "verantwortlich" ist. Wahrscheinlich kann man für die depressiven Störungen ebenso wie für verschiedene andere bisher intensiv untersuchte psychische Störungen (wie etwa die Schizophrenie) postulieren, dass erst ein Zusammenspiel verschiedener Genalterationen zur entsprechenden Veranlagung ("Vulnerabilität") in bestimmten Lebenssituationen führt.

Auch wenn es bereits einzelne Untersuchungen zur genetischen Situation bei anderen Störungsbildern mit depressiver Symptomatik gibt (Anpassungsstörungen, Posttraumatische Belastungsreaktion etc.), ist für diese Störungsbilder das Maß an Informationen noch nicht ausreichend, um entsprechende Zusammenhänge zu postulieren. Besonders bei der Gruppe von Störungsbildern, bei denen psychische Aspekte bei der Auslösung eine relevante Rolle spielen, entsteht darüber hinaus beim Nachweis einer gewissen "familiären Disposition" auch die Frage, ob es sich tatsächlich um eine genetische Disposition handelt oder aber um die familiäre Tradierung bestimmter Verhaltensmuster, Bewältigungsstrategien, Konfliktlösungsmuster etc.

Weitere bei der Genese einer depressiven Erkrankung möglicherweise beteiligte Faktoren können psychologisch ableitbare Faktoren (☞ psychodynamische und lerntheoretische Aspekte), die Persönlichkeit, die jeweilige psychosoziale Situation und schließlich noch aktuell das Auftreten von "live events" bzw. belastenden Lebensereignissen sein.

Im Rahmen eines "**multifaktoriellen**" **Modells** muss man wahrscheinlich von einer genetisch und biologisch bedingten **individuell erhöhten Vulne**rabilität ausgehen, die im Zusammenspiel mit bestimmten psychischen Belastungsfaktoren (z.B. live events) in bestimmten Lebenssituationen zum Ausbruch der depressiven Erkrankung führt (☞ Abb. 7.1).

Ätiologische Faktoren, die im Rahmen eines multifaktoriellen Modells (Mit) Ursache für das Auftreten depressiver Störungen sein können	
Genetische Aspekte	Familienuntersuchungen zeigen ein erhöhtes Risiko, an einer Major Depression zu erkranken, wenn bereits in der Familie affektive Erkrankungen vorkamen (10-15 % Erkrankungsrisiko für Angehörige ersten Grades statt 7 % in der Allgemeinbevölkerung; 15-20 % statt 1-2 % für bipolare Erkrankungen); Risiko bei 2 affektiv erkrankten Elternteilen ca. 55 %. Inbesondere zwischen eineiigen Zwillingspaaren ist die Konkordanz hoch (50 % für unipolare, 80 % für bipolare affektive Erkrankungen). Wahrscheinlich sind *mehrere genetische Alterationen* beteiligt; ein einzelnes verantwortliches Gen konnte bisher nicht identifiziert werden.
Neurobiologische Aspekte	• Beteiligung von *Neurotransmittersystemen*, wie Serotonin-, Noradrenalin-, Acetylcholin-System (Monoaminmangel-Hypothese, Dysbalance-Hypothese) • Veränderungen in *Rezeptordichte und -sensitivität* • Veränderungen in der *Signalübertragung* (Second-messenger-Systeme, Ca-Homöostase)
Neuroendokrinologische Aspekte	*Regulationsstörung* in der Hypothalamus-Hypophysen-Nebennierenrinde- bzw. Schilddrüsen-Achse, Hyperkortisolismus.
Chronobiologische Aspekte	• *Saisonale Rhythmik* ("Winterdepression"), *Tagesrhythmik* • Veränderungen in der *Schlafarchitektur* (Veränderungen des REM-Schlaf-Musters)
Somatische Aspekte	• Einfluß akuter/chronischer *somatischer Erkrankungen* und ggf. eingesetzer Medikamente • Einfluß *exogener Stoffe*, wie etwa Drogen, Alkohol, Umweltgifte, etc.
Gonadale hormonelle Aspekte	Bei Frauen Einfluß zyklusgebundener hormoneller Veränderungen; veränderte Hormonsituation in der Pubertät, Schwangerschaft, nach einer Entbindung, in der Postmenopause.
Psychodynamische Aspekte	Störung der Mutter-Kind-Bindung, Ich-Schwäche, Störung des Selbstwertgefühls (narzisstische Krise) mit fehlverarbeiteter, gegen sich selbst gerichteter Aggressivität; Wiederholung frühkindlicher traumatisierender Erfahrungen führt zur Reaktualisierung negativer Gefühle.

Lerntheoretische/ko-gnitive Aspekte	• Modell der *"erlernten Hilflosigkeit"*: Das Erleben nicht beeinflussbarer Ereignisse führt bei internaler Attribution ("persönliches Versagen") zu Hilflosigkeitsverhalten mit Rückzug, Verschlechterung der Befindlichkeit, Entwicklung von Depression und psychosomatischen Beschwerden. • *Kognitive Theorie*: Depression entsteht aus gestörten Kognitionen: Negative Wahrnehmung von eigener Person, Umwelt, Zukunft (kognitive Triade), "automatische Gedanken" mit typischen logischen Fehlern, wie etwa Übergeneralisierung, "Schwarzweiß-Denken" etc. • *Verhaltenstheoretische Sichtweise*: Depression ist eine Störung der Selbstwahrnehmung, Selbstbewertung und Selbstverstärkung • *"Verstärkerverluste"* führen evtl. zur Depression, tragen auf jeden Fall aber zur Aufrechterhaltung bei ("Belohnungen" bzw. Verstärkerquellen, die bisher bedeutsam waren, gehen verloren, z.B. durch Verlust einer Bezugsperson).
Persönlichkeit	• *Obsessoide* Persönlichkeitsmerkmale ("Typus melancholicus"); Persönlichkeitsstruktur mit Ordentlichkeit, Übergenauigkeit, Pflichtbewusstsein, Rigidität; Konzept von Inkludenz und Remanenz (hinter den eigenen hohen Ansprüchen zurückbleiben) • *Selbstunsichere* Persönlichkeit mit geringer Konfliktfähigkeit, etc.
Psychosoziale Aspekte	Frühere und aktuelle *Lebenssituation*, Belastung durch partnerschaftliche und familiäre Konflikte, finanzielle und berufliche Probleme, etc.
Aktuelle belastende Lebensereignisse ("live events")	Aktuell auftretende belastende *Lebensereignisse*, wie etwa Verlust eines Angehörigen, eigene schwere Krankheit, Arbeitslosigkeit. Ein "live event" kann aber auch in einer positiven Veränderung bestehen, wie etwa einer beruflichen Beförderung, einem Wohnungswechsel, einer langen Reise etc.

Tab. 7.1: Ätiologische Faktoren, die im Rahmen eines multifaktoriellen Modells (Mit) Ursache für das Auftreten depressiver Störungen sein können.

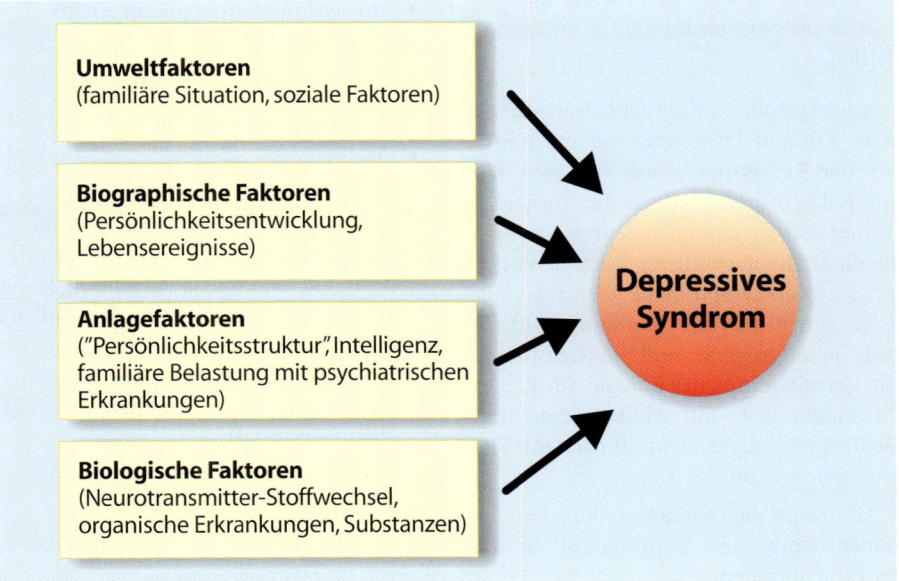

Abb. 7.1: Schema multifaktorieller Genese.

8. Depressionen im Querschnitt

8.1. Depressive Episode

Die Symptomatik einer Depression kann im Querschnitt durch eine Vielzahl möglicher Symptome (psychische, somatische, rhythmologische Symptome) sehr variabel sein.

Die Symptome der klassischen depressiven Episode sind zahlreich und variieren stark. Sie können jedoch in drei große Gruppen unterteilt werden, und zwar in psychische, somatische und rhythmologische Symptome (☞ auch Tab. 8.1). Die Zuordnung der depressiven Symptome in eine der drei genannten Kategorien hat vorwiegend einen didaktischen Sinn bzw. dient der Orientierung, wobei nicht immer eine genaue Differenzierung und Zuordnung zu einer der Gruppen möglich ist (insbesondere zwischen psychischen und somatischen Symptomen). Die rhythmologischen Symptome kommen am ehesten bei der sogenannten "melancholischen Form" der Depression vor.

8.2. Die Diagnose einer depressiven Episode

Zur Stellung der Diagnose "depressive Episode" ist nach ICD-10 neben der Feststellung einer depressiven Kernsymptomatik auch die Einordnung der Depression nach ihrem Schweregrad erforderlich.

Als depressive Episode wird ein zeitlich abgesetzter depressiver Zustand bezeichnet mit einer Mindestdauer der Kernsymptomatik von zwei Wochen. Die ICD-10 macht jedoch die Ausnahme, dass bei einer sehr ausgeprägten depressiven Symptomatik die Dauer auch kürzer als zwei Wochen sein kann. Zur Kernsymptomatik gehört das Vorhandensein von gedrückter Stimmung, Interessenverlust, Freudlosigkeit und Antriebsminderung. Die Verminderung der Energie führt zu erhöhter Ermüdbarkeit und Aktivitätseinschränkung. Deutliche Müdigkeit tritt oft nach nur kleinen Anstrengungen auf.

In der ICD-10 wird die Diagnosestellung bei Vorliegen einer depressiven Symptomatik in drei Schritten vorgenommen:

Die wichtigsten Symptome der Depression
Psychische Symptome
• Niedergeschlagene, depressive Stimmung
• schwermodulierbare Affekte
• Angst
• "Losigkeitssyndrom": (Interessenlosigkeit, Initiativlosigkeit, Freudlosigkeit, Gefühllosigkeit, Hoffnungslosigkeit etc.)
• Anhedonie (Herabsetzung der Genussfähigkeit)
• Konzentrationsschwäche und Aufmerksamkeitsstörungen
• Einengung und Verlangsamung des Denkens, Grübeln
• verminderte Selbstwertgefühle, Insuffizienz- und Versagensgefühle, Schuldgefühle
• synthymer depressiver Wahn (depressiver Wahn, z.B. Schuldwahn, Verarmungswahn, nihilistischer Wahn etc.)
• synthyme Halluzinationen, vorwiegend akustisch (selten)
• Suizidalität
Somatische Symptome
• Adynamie und allgemeine Herabsetzung der Vitalität
• Antriebsminderung bis zur Apathie
• körperliche Missempfindungen
• Appetitlosigkeit, Gewichtsverlust
• Verminderung der Libido
• Obstipation
• andere vegetative Dysfunktionen
Rhythmologische Symptome
• Tagesschwankungen (in der Regel mit Morgentief, d.h. morgens Verschlechterung, abends Verbesserung - in selten Fällen auch umgekehrt)
• Vorverlagerung des Erwachens (Früherwachen = zwei bis drei Stunden früheres Erwachen als normal)
• Verkürzung der Schlafdauer
• Durchschlafstörungen
• Unruhiger Schlaf mit pathologischen Befunden im Hypnogramm

Tab. 8.1: Die wichtigsten Symptome der Depression.

■ Schritt 1

Es muss die Kernsymptomatik einer depressiven Episode identifiziert werden (☞ auch Tab. 8.2).

■ Schritt 2

Es muss der Schweregrad der Symptomatik eingeordnet werden. Aufgrund des Schweregrades wird die depressive Episode in drei Subtypen unterteilt, und zwar leichte, mittelgradige und schwere depressive Episode (☞ auch Tab. 8.3).

■ Schritt 3

Sind die Kriterien einer depressiven Episode erfüllt, kann zusätzlich das Vorhandensein eines sogenannten "somatischen Syndroms" diagnostiziert werden (☞ auch Tab. 8.4).

8.2.1. Leichte depressive Episode

Nach den diagnostischen Leitlinien des ICD-10 sollen für die Diagnose einer leichten depressiven Episode (F32.0) zwei der Kernsymptome

- depressive Stimmung
- Interessenverlust
- Freudlosigkeit und
- Verminderung des Antriebes

vorhanden sein.

Darüber hinaus tritt mindestens eins der anderen in Tabelle 8.2 genannten häufigen Symptome auf. Keines der Symptome sollte besonders ausgeprägt sein, die Mindestdauer für die Gesamtepisode beträgt zwei Wochen. Der Patient leidet unter den Symptomen und hat Schwierigkeiten, seine normalen beruflichen Tätigkeiten sowie seine sozialen Aktivitäten fortzuführen. Allerdings ist die Symptomatik nicht so schwer, dass der Betroffene alle seine sozialen Betätigungen aufgeben muss. Ein somatisches Syndrom (☞ Tab. 8.4) kann, muss aber nicht vorhanden sein.

8.2.2. Mittelgradige depressive Episode

Diagnostische Leitlinien für die mittelgradige depressive Episode nach ICD-10 (F32.1) sind: Mindestens zwei der oben genannten Kernsymptome und mindestens drei der anderen häufigen Symptome (☞ Tab. 8.2) sollen vorhanden sein. Auch bei der mittelgradigen depressiven Episode beträgt die Mindestdauer zwei Wochen. Patienten mit einer mittelgradigen depressiven Episode können

nur schwer ihre sozialen und beruflichen Aktivitäten beibehalten. Ein somatisches Syndrom (☞ Tab. 8.4) kann, muss aber nicht vorhanden sein.

Kriterien einer depressiven Episode (nach ICD-10, F32)
Kernsymptomatik
• Depressive Stimmung in einem für die Betroffenen deutliche ungewöhnlichen Ausmaß, die meiste Zeit des Tages, fast jeden Tag, im wesentlichen unbeeinflusst von den Umständen • Interessen- oder Freudeverlust an Aktivitäten, die normalerweise angenehm waren • Verminderter Antrieb oder gesteigerte Ermüdbarkeit
Andere häufige Symptome
• Verlust des Selbstvertrauens oder des Selbstwertgefühls • Unbegründete Selbstvorwürfe oder ausgeprägte, unangemessene Schuldgefühle • Wiederkehrende Gedanken an den Tod oder an Suizid, suizidales Verhalten • Klagen über oder Nachweis eines verminderten Denk- oder Konzentrationsvermögens, Unschlüssigkeit oder Unentschlossenheit • Psychomotorische Agitiertheit oder Hemmung (subjektiv oder objektiv) • Schlafstörungen jeder Art • Appetitverlust oder gesteigerter Appetit mit entsprechender Gewichtsveränderung
Die gedrückte Stimmung ändert sich von Tag zu Tag wenig, reagiert meist nicht auf die jeweiligen Lebensumstände, kann aber charakteristische Tagesschwankungen aufweisen. In einigen Fällen stehen zeitweilig Angst, Gequältsein und motorische Unruhe mehr im Vordergrund als die Depression.
Dauer
Für die Diagnose depressiver Episoden aller 3 Schweregrade wird gewöhnlich eine Dauer von mindestens 2 Wochen verlangt; kürzere Zeiträume können berücksichtigt werden, wenn die Symptome ungewöhnlich schwer oder schnell aufgetreten sind.

Tab. 8.2: Kriterien einer depressiven Episode (nach ICD-10, F32).

8.2.3. Schwere depressive Episode

Eine schwere depressive Episode (F32.2) wird diagnostiziert, wenn alle drei Kernsymptome (depressive Stimmung, Interessenverlust, Antriebsminderung) festgestellt werden und zusätzliche andere Symptome, so dass insgesamt mindestens 8 Symptome vorhanden sind (☞ Tab. 8.3).

Bei der schweren depressiven Episode sind entweder Hemmung oder erhebliche Verzweiflung und Agitiertheit die führenden Symptome. Der Verlust des Selbstwertgefühls, Insuffizienz- und Versagensgefühle oder Schuldgefühle sind meist vorherrschend, häufig begleitet von Suizidalität. Das sogenannte "somatische" Syndrom ist vorhanden (☞ Tab. 8.4). Die depressive Episode zeigt die Charakteristika einer "melancholischen" bzw. "endomorphen" depressiven Episode (☞ auch Kapitel

8.4.1.). Bestehen neben der typischen Symptomatik einer schweren depressiven Episode außerdem Halluzinationen, Wahnideen, psychomotorische Hemmung oder Stupor von so schwerer Ausprägung, dass alltägliche soziale Aktivitäten unmöglich sind und Lebensgefahr durch Suizid oder mangelhafte Flüssigkeits- und Nahrungsaufnahme besteht, wird eine "schwere depressive Episode mit psychotischen Symptomen" (F32.3) diagnostiziert. Wahn und Halluzinationen können, müssen nach der ICD-10 aber nicht synthym sein.

Subtypen der depressiven Episode (nach ICD-10)			
ICD-10-Kategorie	Schweregrad der depressiven Episode	Kernsymptomatik 1. Depressive Stimmung 2. Interessenverlust 3. Antriebsminderung	Andere häufige Symptome 1. vermindertes Selbstwertgefühl 2. Schuldgefühle 3. Suizidalität 4. Konzentrationsstörungen 5. Agitiertheit oder Hemmung 6. Schlafstörungen 7. Appetitstörungen
F32.0	Leichte depressive Episode	Mindestens 2 Kernsymptome sind vorhanden	1 oder mehrere Symptome sind vorhanden (Gesamtzahl der Symptome incl. Kernsymptome 4 oder 5)
F32.1	Mittelgradige depressive Episode	Mindestens 2 Kernsymptome sind vorhanden	3 oder mehre Symptome sind vorhanden (Gesamtzahl der Symptome incl. Kernsymptome 6 oder 7)
F32.2	Schwere depressive Episode ohne psychotische Symptome	Alle Kernsymptome sind vorhanden	Mehrere Symptome sind vorhanden, davon einige besonders ausgeprägt (Gesamtzahl der Symptome incl. Kernsymptome mind. 8) Keine Halluzinationen, Wahn oder depressiver Stupor
F32.3	Schwere depressive Episode mit psychotischen Symptomen	Alle Kernsymptome sind vorhanden	Schwere depressive Episode wie unter F32.2 beschrieben, es bestehen zusätzlich Halluzinationen, Wahnideen, schwere psychomotorische Hemmung oder Stupor

Tab. 8.3: Subtypen der depressiven Episode (nach ICD-10).

8.2.4. Somatisches Syndrom

> Als somatisches Syndrom nach ICD-10 wird die depressive Kernsymptomatik erfasst, die eine depressives Syndrom als "melancholisch" bzw. "endogen" qualifiziert.

Mit der Zusatzbezeichnung eines somatischen Syndroms wird in der ICD-10 eine spezielle depressive Symptomkonstellation erfasst, die klinisch bedeutsam ist und in anderen Klassifikationssystemen als "biologisch", "vital", "melancholisch" oder "endogenomorph" bezeichnet wird. Ein somatisches Syndrom wird bei der Diagnose-Kategorie einer depressiven Episode an der 5. Stelle dokumentiert (z.B. F32.11 bei der mittelgradigen Episode mit somatischem Syndrom, F32.10 mittelgradige depressive Episode ohne somatisches Syndrom). Bei schweren depressiven Episoden ist diese zusätzliche Erfassung nicht erforderlich, da angenommen wird, dass schwere depressive Episoden in den meisten Fällen mit einem somatischen Syndrom einhergehen. Die Charakteristika eines somatischen Syndroms sind in Tabelle 8.4 aufgeführt.

Somatisches Syndrom nach ICD-10
Von einem somatischen Syndrom sollte nur ausgegangen werden, wenn vier der folgenden Symptome vorhanden sind: <ul><li>Deutlicher Interessenverlust oder Verlust der Freude an normalerweise angenehmen Aktivitäten</li><li>Mangelnde Fähigkeit, auf Ereignisse oder Aktivitäten emotional zu reagieren, die normalerweise eine Reaktion hervorrufen</li><li>Früherwachen, zwei Stunden oder mehr vor der gewohnten Zeit</li><li>Morgentief</li><li>Objektivierter Befund einer ausgeprägten psychomotorischen Hemmung oder Agitiertheit (von anderen bemerkt oder berichtet)</li><li>Deutlicher Appetitverlust</li><li>Gewichtsverlust (5 % oder mehr des Körpergewichts im vergangenen Monat)</li><li>Deutlicher Libidoverlust</li></ul>

Tab. 8.4: Somatisches Syndrom nach ICD-10.

8.3. Die Prognose einer depressiven Episode

> Die Querschnittsprognose einer depressiven Episode ist im wesentlichen von Symptomatik, Komorbidität und Ansprechen auf die Therapie abhängig. Die Längsschnittprognose wird u.a. beeinflusst durch Frequenz, Symptomatik, Komorbidität und Therapieresponse rezidivierend auftretender depressiver Episoden, von der Ansprechbarkeit auf Phasenprophylaktika sowie durch peristatische Faktoren.

Die Prognose einer depressiven Episode kann unterschieden werden in eine "unmittelbare" Prognose, die die aktuelle Symptomatik betrifft, und in eine "langfristige" Prognose bzw. die Längsschnittprognose.

Die unmittelbare bzw. **Querschnittsprognose** hängt von verschiedenen Faktoren ab, die wichtigsten davon sind in Tabelle 8.5 dargestellt. Bei einer "klassischen" mittelgradigen oder auch schweren depressiven Episode ohne negative Prädiktoren erwartet man bei gutem Ansprechen auf die Pharmakotherapie eine Remission innerhalb von acht bis zwölf Wochen. Substanzmissbrauch, Komorbidität mit Angststörungen oder belangvolle körperliche Erkrankungen sowie schwere psychotische katatone Symptome können die Dauer der depressiven Symptomatik erheblich verlängern. Bei der Mehrzahl der Episoden klingt die Symptomatik fast vollständig ab, bei ungefähr 20 bis 30 % jedoch bleiben leichte persistierende Alterationen zurück, vor allem nach mehrfachem Auftreten von depressiven Episoden (☞ auch Kapitel 10.1.1.).

Faktoren, welche die Querschnittsprognose einer depressiven Episode beeinflussen
• Schweregrad der depressiven Symptomatik
• Art der Symptomatik (psychotische, katatone Symptomatik etc.)
• Komorbidität mit körperlichen Erkrankungen (insbesondere mittelbare oder unmittelbare Erkrankungen des Zentralnervensystems)
• Komorbidität mit psychischen Störungen (vor allem Substanzmissbrauch und Angststörungen)
• Response bzw. Non-Response/Toleranz gegenüber Psychopharmakotherapie

Tab. 8.5: Faktoren, die die Querschnittsprognose einer depressiven Episode beeinflussen.

Die langfristige bzw. **Längsschnittprognose** wird hauptsächlich durch das Wiederauftreten von depressiven Episoden, Komorbidität und sozialen Faktoren geprägt. Das Wiederauftreten von depressiven Episoden geschieht entweder in Form einer rekurrenten depressiven Episode im Rahmen einer rezidivierenden depressiven Störung bzw. unipolaren Depression (☞ Kapitel 9.1.) oder im Rahmen einer bipolaren Erkrankung (☞ Kapitel 9.7.).

Sogenannte monophasische Verlaufsformen, also das einzelne Auftreten einer depressiven Krankheitsepisode im Leben eines Menschen, sind eine extreme Seltenheit (wahrscheinlich unter 10 %). Manche Autoren gehen sogar davon aus, dass monophasische Verläufe artefiziell sind und nicht der Realität entsprechen: Am ehesten deshalb, weil leichtere depressive Episoden oder auch hypomanische Episoden nicht erfasst werden - vor allem, wenn sie nicht behandlungsbedürftig sind - und sowohl von Klinikern als auch Forschern übersehen werden.

8.4. Spezifische Formen der depressiven Episode

Depressive Episoden können eine Vielzahl klinischer "Gesichter" zeigen. Symptomatik, Erleben des Patienten, Verlauf und Therapiestrategien können erheblich variieren.

8.4.1. Melancholische Form der Depression

Die Definition einer depressiven Episode bzw. Major Depression nach den modernen diagnostischen Systemen (ICD-10, DSM-IV) ist sehr breit und umfasst nicht nur die Formen, die man früher als endogene Depression bezeichnete (☞ auch Kapitel 3.2. und 8.2.4.). Um die Besonderheiten zu erfassen, die mit einer sogenannten "endogenen" bzw. "melancholischen" Symptomatik einhergehen, gibt es auch in den genannten diagnostischen Systemen eine besondere Kategorie "Melancholisches Syndrom" (ICD-10) bzw. "depressive Episode mit melancholischen Merkmalen" (DSM-IV). Die ICD-10 akzeptiert als Synonyma zum "Melancholischen Syndrom" auch die Bezeichnungen "biologisch", "vital" oder "endomorph". Die Diagnose einer depressiven Episode, melancholischer Subtyp, erfordert die Erfüllung der Kriterien eines "somatischen Syndroms", die in Kapitel 8.2.4. dargestellt sind.

Ein somatisches Syndrom (= melancholische Merkmale) kann bei allen drei Schweregraden einer depressiven Episode auftreten. Bei einer schweren depressiven Episode ist nach ICD-10 in der Regel davon auszugehen, dass es sich um die melancholische Form handelt, also ein somatisches Syndrom vorhanden ist.

8.4.2. Psychotische bzw. wahnhafte Depression

Eine sogenannten "psychotische" bzw. "wahnhafte" Depression wird durch die vorhandenen Wahn-Symptome und/oder Halluzinationen dominiert. In der Regel handelt es sich um stimmungskongruente (= synthyme) Wahnformen, also Wahn, der aus der depressiven Stimmungslage ableitbar ist (wie etwa Schuldwahn, Verarmungswahn, hypochondrischer oder nihilistischer, seltener auch Beziehungs- oder auch Verfolgungswahn mit depressiven Inhalten). Synthyme Halluzinationen sind bei Depressionen selten, und falls sie auftreten, handelt es sich in der Regel um sogenannte einfache Halluzinationen (z.B. einfache Wörter, Geräusche etc). Am ehesten treten akustische Halluzinationen auf, selten auch Halluzinationen auf anderen Sinnesgebieten. Die Kriterien einer psychotischen Depression (nach ICD-10 "schwere depressive Episode mit psychotischen Merkmalen") sind in Tabelle 8.3 aufgeführt.

Psychotische Depressionen sind klinisch schwere Krankheitsformen und dauern in der Regel länger als andere typische depressive Episoden. Meist sind **besondere Therapiestrategien** erforderlich, wie etwa die Kombination von Antidepressiva mit Neuroleptika.

8.4.3. Katatone Depression

Von einer katatonen Depression spricht man, wenn außer der typischen Symptomatik einer depressiven Episode auch ausgeprägte katatone Symptome in Form eines depressiven Stupors oder eines depressiven Erregungszustandes auftreten. Während die ICD-10 die katatone Symptomatik als einen Bestandteil der psychotischen Depression wertet und deshalb keine eigenen Kriterien vorsieht, wird die katatone Depression beim DSM-IV als eine getrennte Subform der Depression beschrieben. Da aus diesen Kriterien eine sehr gute klinische Beschreibung zu entnehmen ist, werden die Kriterien in Tabelle 8.6 dargestellt.

Kriterien der katatonen Depression (Typisierung als depressive Episode "mit katatonen Merkmalen" nach DSM-IV)
Das klinische depressive Bild wird beherrscht von mindestens zwei der folgenden Symptome:
1. Motorische Hemmung in Form von Katalepsie (einschließlich wächserner Biegsamkeit) oder Stupor.
2. Gesteigerte motorische Aktivität (die offensichtlich sinnlos und nicht durch äußere Reize beeinflusst ist).
3. Extremer Negativismus (ein offensichtlich grundloser Widerstand gegen alle Aufforderungen oder Einnahme einer rigiden Körperhaltung mit Widerstand gegen äußere Bewegungsversuche) oder Mutismus.
4. Bizarre Willkürbewegungen (in Form von inadäquaten oder sonderbaren Körperhaltungen, stereotypen Bewegungen, ausgeprägten Manierismen oder ausgeprägtem Grimassieren).
5. Echolalie oder Echopraxie.

Tab. 8.6.: Kriterien der katatonen Depression (Typisierung als depressive Episode "mit katatonen Merkmalen" nach DSM-IV).

Die katatone Depression stellt eine schwere Form der Depression dar. Bei den erregten Formen kann ein **Raptus melancholicus** auftreten, häufig mit suizidalen oder anderen selbstdestruktiven Handlungen einhergehend, manchmal auch bis zum erweiterten Suizid (☞ Kapitel 10.3.3.) führend. Der katatonen Depression wird eine besondere nosologische und therapeutische Relevanz beigemessen. Amerikanische Autoren vertreten die Auffassung, dass einer der wesentlichen Gründe für die besondere Subgruppierung der katatonen Formen die bessere Therapieansprechbarkeit auf Elektrokrampfbehandlung ist. Auch das bessere Ansprechen auf Lorazepam als auf die Kombination von Thymoleptika und Antipsychotika (auf die z.B. die psychotische Depression besser anspricht) wird als Hinweis auf die Relevanz dieser Subgruppierung gesehen.

Eine katatone Depression braucht in ihrer **stuporösen Form** eine intensive Behandlung, um die Gefahr von Komplikationen (wie etwa Infektionen, Dekubitusbildung, Dehydratation oder Unterernährung) zu vermeiden. In der **agitierten Form** der katatonen Depression ist wegen der Gefahr plötzlicher und unerwarteter suizidaler Handlungen, in seltenen Fällen auch fremdgefährdenden Taten, eine besonders intensive Betreuung erforderlich.

8.4.4. Atypische Depression

Als atypische Depression wird eine depressive Episode bezeichnet, die hauptsächlich durch Hyperphagie, Gewichtszunahme, Hypersomnie oder affektive Reagibilität gekennzeichnet ist. In der ICD-10 gibt es keine entsprechende Kategorie, deshalb sind in Tabelle 8.7 die DSM-IV-Kriterien dargestellt. Als ein wichtiges Abgrenzungsmerkmal für diese Form der Depression gilt die Aufhellbarkeit der Stimmung durch positive Ereignisse, was bei einer typischen depressiven Episode nicht der Fall ist.

Kriterien für die "depressive Episode mit atypischen Merkmalen" (nach DSM-IV)	
A	Affektive Reagibilität (d.h. Aufhellbarkeit der Stimmung auf tatsächliche oder erwartete positive Ereignisse)
B	Mindestens zwei der folgenden Symptome:
	• Deutliche Gewichtszunahme oder gesteigerter Appetit
	• Hypersomnie
	• Bleierne Schwere in Armen und Beinen
	• Seit langem bestehende (und nicht nur auf Episoden der affektiven Störung beschränkte) Überempfindlichkeit gegenüber Zurückweisungen, die zu deutlichen sozialen oder beruflichen Beeinträchtigungen führt.
C	Die Kriterien für eine depressive Episode mit melancholischen oder katatonen Merkmalen dürfen nicht in derselben Episode erfüllt sein.

Tab. 8.7: Kriterien für die "depressive Episode mit atypischen Merkmalen" (nach DSM-IV).

Patienten mit einer atypischen Depression erkranken in der Regel früher als Patienten mit einer typischen Depression und neigen häufiger zu einem chronischen Verlauf. Trotz der phänomenologischen Ähnlichkeit mit der saisonal-abhängigen Depression (z.B. Hyperphagie, Hypersomnie, ☞ Kapitel 9.12.) unterscheidet sich die atypische Depression davon gerade durch die fehlende Saisonalität und durch die Ineffektivität der Lichttherapie.

In **therapeutischer Hinsicht** ist zu erwähnen, dass die atypische Depression nicht immer gut auf eine Therapie mit Trizyklika anspricht, dass jedoch Antidepressiva vom SSRI-Typ und MAO-Hemmer günstig wirken.

8.4.5. Anankastische Depression

Als anankastische Depression wird die depressive Episode bezeichnet, in der Zwangssymptome das psychopathologische Querschnittsbild entscheidend mitprägen. Das Zusammentreffen von Zwängen und depressivem Syndrom ist gut bekannt, allerdings wird die Häufigkeit des Vorkommens in der Literatur sehr unterschiedlich angegeben (von 2 bis 25 % der depressiven Patienten).

Das **Auftreten von Zwangssymptomen kompliziert die antidepressive Therapie**, verlängert in der Regel die depressive Episode und kann zur Chronifizierung führen.

8.4.6. Angstdepression

Die in der klinischen Praxis immer wieder verwendete Bezeichnung "Angstdepression" wird in der ICD-10 als "Angst und depressive Störung gemischt" (ICD-10 F41.2) benannt. Diese Kategorie soll bei gleichzeitigem Bestehen von Angst und Depression Verwendung finden, jedoch nur, wenn weder das eine noch das andere eindeutig vorherrscht. Wenn eine Symptomatik auftritt, die sowohl die Kriterien einer Angststörung erfüllt als auch die einer depressive Episode, empfiehlt die ICD-10 die Stellung beider Diagnosen.

8.4.7. Coenästhetische Depression

Bei einer coenästhetischen Depression wird das phänomenologische Bild der depressiven Episode vorübergehend durch Leibgefühlsstörungen (Coenästhesien) dominiert. Als **Coenästhesien** werden in Anlehnung an Huber (1999) qualitativ eigenartige Leibgefühle bezeichnet (z.B. Taubheits-, Steifigkeits- und Fremdheitsempfindungen, Sensationen motorischer Schwäche, eigenartige Geschmackssensationen, Wandersensationen, Elektrisierungsgefühle, Erlebnisse der Verkleinerung und Schrumpfung).

Coenästhetische Depressionen scheinen **schlechter auf eine antidepressive Therapie anzusprechen als andere Formen der Depression**; in der Regel ist eine Kombination mit Antipsychotika erforderlich. Coenästhetische Formen der Depression sieht man am häufigsten bei älteren Patienten mit chronifiziertem Verlauf. Eine coenästhetische Depression kann ebenso wie eine vitale oder vegetative Depression als sogenannte "larvierte Depression" auftreten (☞ Kapitel 13.1.).

8.4.8. Vegetative Depression

Bei einer vegetativen Depression steht die vegetative Symptomatik im Vordergrund des psychopathologischen Bildes. Es handelt sich um eine Vielzahl von wechselnd auftretenden vegetativen Symptomen, wie etwa Tachykardien, Obstipation, Hyperhidrosis, Mundtrockenheit, Schwindelgefühl, Kopf- und Gliederschmerzen, Libidoreduktion etc. Stehen die vegetativen Symptome im Vordergrund, kann diese Form der Depression auch als "larvierte Depression" auftreten (☞ Kapitel 13.1.).

8.4.9. Hypochrondrische Depression

Bei der hypochondrischen Depression dominieren die hypochondrischen Gedanken. Ängstliche Selbstbeobachtung des Patienten tritt in Kombination mit vegetativen und anderen körperlichen Erscheinungen und Coenästhesien auf. Nach modernen Ansichten zur Komorbidität von Krankheitsbildern handelt es sich bei dieser Form der Depression nicht selten auch um eine Komorbidität zwischen Depression und somatoformer Störungen (bei beiden Störungsbildern ist die Komorbidität insgesamt hoch).

Sind die hypochondrischen Beschwerden so dominierend, dass die depressive Symptomatik in den Hintergrund tritt, spricht man in diesem Zusammenhang auch von einer "larvierten Depression" (☞ auch Kapitel 13.1.).

8.4.10. Vitale Depression

Als vitale Depression wird diejenigen Form der Depression bezeichnet, bei denen die Patienten ihre Niedergeschlagenheit, die Traurigkeit, die Depressivität leibnah erleben, z.B. als "Enge in der Brust", "Kloß im Hals", "eiserner Kranz um den Kopf", "Schwere der Glieder", "bleierne Müdigkeit", "unendliche Mattigkeit". Diese Symptome sind bei der vitalen Depression dominierend.

Auch die vitale Depression kann als Form der larvierten Depression auftreten (☞ auch Kapitel 13.1.)

8.4.11. Agitierte Depression

Bei der agitierten Depression sind Agitiertheit und Unruhe dominierend. Für manchen Autor stellt sie eine besondere Form der "Mischzustände" (also eine Mischung aus manischen und depressiven Symptomen) dar. **Diese Form der Depression wird besonders häufig von suizidalen Handlungen begleitet**, weshalb immer eine stationäre Behandlung erforderlich ist. In der Regel müssen außer den sedierend wirkenden Antidepressiva auch Antipsychotika eingesetzt werden.

8.4.12. Jammerdepression

Es handelt sich um die ältere Bezeichnung einer Depression mit histrionischen Merkmalen, bei der der Patient ständig jammert und über seine vorwiegend körperlichen Beschwerden klagt. Solche Patienten bewirken beim therapeutischen Personal sehr häufig Gegenreaktionen mit antipathischen Gefühlen, was im Einzelfall zu schweren Behandlungsfehlern führen kann. Manchmal fühlen sich solche Patienten nicht ernst genommen und neigen entweder aus Verzweiflung oder auf dem Boden der histrionischen Grundsymptomatik zu **suizidalen Handlungen**.

8.4.13. Schizodepressive Episode

Bei einer schizodepressiven Episode sind gleichzeitig Symptome einer schizophrenen Psychose und einer depressiven Episode vorhanden.

Schizodepressive Episoden sind in der Regel schwere Formen depressiver Erkrankungen. Sie hinterlassen viel häufiger persistierende Alterationen (Residualsymptome, ☞ auch Kapitel 10.1.1.) als reine depressive Erkrankungen, nämlich in etwa 50 %. Schizodepressive Episoden werden auch häufig von suizidalen Intentionen begleitet; bis zu zwei Drittel aller Patienten haben bei einem längeren Verlauf mindestens einmal ernsthafte **suizidale Symptome**.

Es wird neben der Antidepressiva-Therapie unbedingt auch eine antipsychotische Medikation empfohlen, am ehesten mit atypischen Neuroleptika.

8.4.14. Manisch-depressiv gemischte Episode (gemischt bipolare Episode)

Hierbei handelt es sich um eine Episode, die gleichzeitig manische und depressive Symptome aufweist. Obwohl manisch-depressiv gemischte Episoden nicht selten sind, werden sie in der Regel unterdiagnostiziert, in manchen Kliniken wird diese Diagnose so gut wie gar nicht gestellt. Dies kann jedoch aufgrund der Besonderheiten, die Patienten mit gemischt bipolaren Episoden im Vergleich zu Patienten mit depressiven oder rein manischen Episoden aufweisen, ein schwerwiegender Fehler sein (☞ Tab. 8.8).

Besonderheiten von manisch-depressiv gemischten Episoden
• Frauen erkranken häufiger als Männer
• Längere Episodendauer
• Schlechtere Prognose
• Größere Tendenz zur Chronifizierung und zum Rapid Cycling
• Die Behandlung mit Lithium ist wahrscheinlich ineffektiv
• Die Therapie mit Thymoleptika kann die Symptomatik akzelerieren
• Am ehesten spricht diese Form auf Valproat und atypische Neuroleptika an
• Komorbidität mit körperlichen Erkrankungen ist nicht selten

Tab. 8.8: Besonderheiten von manisch-depressiv gemischten Episoden.

8.4.15. Postschizophrene Depression

Als postschizophrene Depression wird eine unter Umständen langanhaltende depressive Episode bezeichnet, die im Anschluss an eine schizophrene Erkrankung auftritt, aber die Kriterien einer schizodepressiven Episode nicht erfüllt (☞ Kapitel 8.4.13.). Zur Stellung der Diagnose "postschizophrene Depression" ist notwendig, dass einige schizophrene Symptome ("positive" oder "negative" schizophrene Symptome) noch vorhanden sind, sie aber nicht mehr das klinische Bild beherrschen (☞ Tab. 8.9). Es ist unerheblich für die Diagnose, ob die depressiven Symptome durch das Verschwinden der vorher bestehenden psychotischen Symptome in den Vordergrund getreten sind, ohne dass es sich um eine Neuentwicklung handelt, oder ob es sich nur um eine psychische Reaktion auf die Erkrankung, also sekundäre Symptome, handelt. Bei einer postschizophrenen Depression sind die depressiven Symptome leicht bis mittelgradig stark ausgeprägt und erfüllen die Kriterien einer schweren depressiven Episode.

Aus prognostischen und prophylaktischen Gründen ist eine Differenzierung von einer schizoaffektiven Störung bzw. schizodepressiven Episode wichtig (schizophrenes Syndrom + die vollen Kriterien einer depressiven Episode bzw. einer "Major Depression"). Allerdings ist die Differentialdiagnose zwischen den beiden Störungsbildern (postschizophrene Depression und schizodepressive

Episode) häufig willkürlich und hängt von den Erfahrungen und Ansichten des Diagnostikers sowie von der Vorgeschichte des Patienten (z.B. Vorhandensein von endomorph-depressiven, manischen und schizodepressiven Episoden) und dem gesamten Verlauf ab.

Wenn die depressive Symptomatik nach Abklingen jeglicher schizophrener Symptome auftaucht, soll die Diagnose einer depressiven Episode (ICD-10 F32) gestellt werden.

Diagnostische Leitlinien einer postschizophrenen Depression (nach ICD-10, F20.4)
• der Patient litt innerhalb der letzten 12 Monate an einer schizophrenen Erkrankung
• einige schizophrene Symptome sind noch vorhanden
• depressive Symptome, die die Kriterien für eine depressive Episode erfüllen und seit zwei Wochen vorhanden sind, stehen quälend im Vordergrund

Tab. 8.9: Diagnostische Leitlinien einer postschizophrenen Depression (nach ICD-10, F20.4).

Die postschizophrene Depression ist häufig von Suizidalität begleitet. Offensichtlich spielen sich hier ähnliche Prozesse wie bei der schizodepressiven Episode ab. Die Mischung aus dem depressiven Gefühl der "Ausweglosigkeit" und dem "schizophrenen Ausgeliefertsein" muss als ein Gemisch mit hohem suizidalen Risiko bezeichnet werden.

Die **Therapie** der postschizophrenen Depression besteht primär in einer neuroleptischen Behandlung, und zwar möglichst mit atypischen Neuroleptika (Olanzapin, Risperidon, Clozapin, Amisulprid, Quetiapin, Ziprasidon etc.), häufig auch in Kombination mit Thymoleptika.

8.4.16. Organische Depression

Eine organische Depression wird diagnostiziert, wenn ein depressives Syndrom als Folge einer Störung bzw. Veränderung auftritt, die direkt das ZNS betrifft. Die sogenannte "hirnorganische Melancholie" ist während bestimmter Phasen der Erkrankung phänomenologisch identisch mit einer "endogen Depression"; im weiteren Verlauf treten aber die typischen organischen Zeichen in den Vordergrund.

Als organische Depression werden depressive Zustände bezeichnet, die unmittelbar im Zusammenhang mit organischen Störungen auftreten, die direkt das Gehirn betreffen. Eine organische affektive Störung ist durch eine Veränderung der Stimmung oder des Affektes charakterisiert, meist zusammen mit einer Veränderung der gesamten Aktivitätslage. Unter organischer Depression werden nicht depressive Reaktionen eines Betroffenen auf die Mitteilung einer somatischen Diagnose bzw. die krankheitsbedingten Einschränkungen erfasst (☞ auch Kapitel 13.4.).

Organische Depressionen können sowohl in einer unipolaren als auch in einer bipolaren Form auftreten ("organische affektive Störung", ICD 10 F06.3).

> Um eine organisch bedingte unipolare oder bipolare affektive Störung zu diagnostizieren, ist conditio sine qua non, dass eine ursächliche körperliche Erkrankung nachgewiesen wird und dass diese bereits vor Beginn der psychopathologischen Symptomatik vorhanden war.

Die häufiger vorkommenden körperlichen Erkrankungen, die eine organische Depression verursachen können, sind in Tabelle 8.10 dargestellt (ohne einen Anspruch auf Vollständigkeit).

Phänomenologisch können organische Depressionen zumindest zeitweise im Verlauf von einer sogenannten endogenen Depression nicht unterscheidbar sein. Diese Form, "**hirnorganischen Melancholie**" genannt, zeigt dann aber oftmals eine bestimmte Verlaufsdynamik, die auf die Hirnorganizität hinweist. Im Verlauf der Erkrankung finden Symptomwandlungen statt, die jeweils eine andere prägnante Konstellation bewirken. Trotz der langsamen und allmählichen Übergänge kristallisieren sich nach klinischen Beobachtungen vier Verlaufsstadien einer organischen affektiven Störung heraus. Die Merkmale dieser vier Stadien der Entwicklung einer hirnorganischen Melancholie sind in Tabelle 8.11 dargestellt und auch anhand einer Kasuistik skizziert.

Häufige körperliche Erkrankungen als mögliche Ursache einer Organischen Depression
Hirnschädigungen
• Hirntumor
• Schädelhirntrauma
• Zerebrovaskuläre Erkrankungen
• Subarachnoidalblutung
• Intracerebrale Blutungen
• Hirnstammläsionen
• Basalganglienläsionen
Degenerative Erkrankungen
• Alzheimer-Demenz
• Morbus Parkinson
• Chorea Huntington
Stoffwechselstörungen und hormonelle Störungen
• Hyperparathyreoidismus
• Vitamin B_{12}-Mangel
• Folsäuremangel
• Cushing-Syndrom
Entzündliche Prozesse/ Autoimmunerkrankungen
• Multiple Sklerose
• Systemischer Lupus erythematodes
• HIV-Infektion
• Infektiöse Mononukleose
• Syphilitische Erkrankungen des ZNS

Tab. 8.10: Häufige körperliche Erkrankungen als mögliche Ursache einer Organischen Depression.

■ Fallbeispiel - Organische Depression

Ein 40jähriger Buchhalter und Freizeitmaler bemerkt Anfang der 80er Jahre eine deutliche Abnahme seiner Leistungsfähigkeit und Konzentrationsstörungen. Zunächst allgemeine unspezifische Maßnahmen durch den Hausarzt, da Problematik auf zu viel Stress und Erschöpfung zurückgeführt wird. Auftreten von Befürchtungen, dass er unheilbar krank sei, verbunden mit sozialem Rückzug, Adynamie, Antriebsmangel, Appetitlosigkeit, Gewichtsabnahme, Schlafstörungen, Sexualstörungen und vor allem ängstliche Selbstbeobachtung (**asthenisch-hypochondrisches Stadium**).

Ein Suizidversuch (Sprung aus dem Fenster) nach etwa 8monatiger Krankheitsdauer wird von der Familie als appellativ gedeutet und nicht ernstgenommen. Zu dieser Zeit finden am Arbeitsplatz organisatorische Verände-

Stadien der Entwicklung der Symptomkonstellationen einer organischen Depression*			
asthenisch-hypochondrisch	endogen-depressiv	organisch depressiv	rein organisch
• rasche körperliche und geistige Erschöpfbarkeit • Konzentrationsschwäche • Leistungsminderung • Reizbarkeit • Gefühl des Unwohlseins • ängstliche Selbstbeobachtung • hypochondrische Befürchtungen • Umformierung von Interaktionsmustern • vegetative Erscheinungen	• "vitale Traurigkeit" • primäre Schuldgefühle und/oder Verarmungswahn • Insuffizienzgefühle • psychomotorische Hemmung (selten Agitiertheit) • tagesrhythmische Schwankungen • Schlafstörungen (Aufwachvorverlagerung) • morgendliche Grübelzustände • Syndrom der *"Losigkeit"* (Lust-, Interessen-, Appetit-, Sinn- und Zwecklosigkeit) • Suizidalität	• Beimischung zu den Symptomen des vorigen Stadiums • Störungen der mnestischen Funktionen (vor allem Neuzeitgedächtnis) • Labilität und Inkontinenz der Affekte, Reizbarkeit • Beeinträchtigung der Kritikfähigkeit • Konzentrationsschwäche (vor allem Tenazitätsschwäche) • neurologische Symptome • epileptische Anfälle möglich • mögliches Ende durch delirante Symptomatik	• Verschwinden der endogenen Symptomatik • Zunahme der organischen Symptomatik • Verlust der Merkmale des Typus melancholicus • Fortbestehen der neurologischen Symptomatik • selten Einleiten durch delirante Symptomatik

Tab. 8.11: Stadien der Entwicklung der Symptomkonstellationen einer organischen Depression.
* nach Marneros 1982, Quelle ☞ auch Marneros 1999.

rungen statt, mit denen der Patient nicht zurechtkommt. Er unternimmt erneut einen Suizidversuch; nach Einweisung in eine psychiatrische Klinik wird die Diagnose "endogene Depression" gestellt. Neben der typischen Symptomkonstellation (tiefe depressive Verstimmung, Ängstlichkeit, "Losigkeitssyndrom", Morgentief und Früherwachen etc.) werden erstmals Schuldgefühle und nihilistische Gedanken geäußert (**endogen-depressives Stadium**). Die neurologische und allgemeinkörperliche Untersuchung ergibt zu diesem Zeitpunkt keinen pathologischen Befund. Unter mehrfach wechselnder antidepressiver Therapie kommt es kaum zu einer Veränderung des psychopathologischen Zustandes, auch eine Elektrokrampftherapie bringt keine wesentliche Verbesserung.

Nach einigen Wochen stationärer Behandlung flacht die depressive Symptomatik ab, gleichzeitig Auftreten von Gereiztheit und Zunahme der Antriebsminderung. Erstmals werden Merkfähigkeits- und Gedächtnisstörungen deutlich. Der Patient vernachlässigt sich, wird ungepflegt, muss massiv vom Personal zu allen Dingen aufgefordert werden (**organisch-depressives Stadium**). Der

klinisch-neurologische Befund ist nach wie vor unauffällig.

In der kranialen Computertomographie zeigte sich eine diffuse Hirnatrophie mit Hinweisen auf zerebrale Durchblutungsstörungen. Ein Grand-mal-Anfall und eine neurologische Hemisymptomatik mit spastischen Zeichen treten auf. Die kognitiven Fähigkeiten des Patienten werden in der Folge zunehmend schlechter, die Affektivität "versandet", er besitzt kaum noch Eigenantrieb (**rein organisches Stadium**). Etwa 3 Jahre nach Auftreten der ersten Symptome besteht ein eindeutiges dementielles Bild.

8.4.17. Substanzinduzierte Depression

Substanzinduzierte depressive Zustandsbilder können sowohl bei Intoxikation mit einer Substanz (Drogen, Alkohol etc.) als auch beim Entzug davon auftreten.

Verschiedenartigste Substanzen können einen depressiven (oder auch manischen) Zustand verursachen bzw. provozieren. Es wird dann von einer "Substanzinduzierten affektiven Störung" gesprochen. Eine substanzinduzierte Depression kann sich entweder nach Substanzintoxikation oder –entzug (z.B. Drogen, Alkohol) entwickeln, oder aber es besteht ein zeitlicher und ätiologischer Zusammenhang zwischen einer Medikamenteneinnahme und dem Auftreten der depressiven Symptomatik. Das klinische Bild wird dabei bestimmt durch eine ausgeprägte und anhaltende Stimmungsveränderung, die nicht nur im Rahmen eines akuten Intoxikationszustandes bzw. eines Delirs vorhanden ist.

Das Hauptmerkmal einer substanzinduzierten depressiven Störung besteht in einer ausgeprägten und anhaltenden depressiven Verstimmung, die als direkte Folge der Anwendung einer Substanz angesehen wird.

Die wichtigsten Substanzen, die eine depressive Störung verursachen können, sind in Tabelle 8.12 aufgelistet.

8.4.18. Weitere Depressionsformen

Weitere Formen der Depression sind in späteren Kapiteln dargestellt, wie etwa die Larvierte Depression (☞ Kapitel 13.1.), die Erschöpfungsdepression (☞ Kapitel 13.2.), die postpartale Depression (☞ Kapitel 14.3.) und die klimakterische Depression (☞ Kapitel 14.4.).

Substanzen, die eine depressive Störung verursachen können*	

• Blutdruckmittel
  - Reserpin
  - β-Blocker
  - Clonidin
  - α-Methyldopa
  - Kalzium-Antagonisten
  - ACE-Hemmer
  - Diuretika
• Antiarrhythmika
  - Digitalis
  - Procainamid
  - Lidocain
• Lipidsenker
  - Cholestyramin
  - Pravastatin
  - Lovastatin
• Hormonpräparate
  - Kortikoide
  - Anabole Steroide
  - Orale Kontrazeptiva
• Antibiotika
  - Amphotericin
  - Cycloserin
  - Dapson
  - Ethionamid
  - Tetrazykline
  - Sulfonamide
  - Gyrase-Hemmer
  - Cephalosporine
• Typische Neuroleptika(?)
• Antiepileptika
  - Phenytoin
  - Dilantin
  - Felbamat
  - Phenobarbital
  - Clonazepam
	• H_2-Blocker
	  - Cimetidin
	  - Ranitidin
	• Schmerzmittel, Opiate
	  - Antiphlogistika
	  - Gold
	  - Opiate
	  - Phenacetin
	  - Chloroquin
	  - Pizotifen
	• Entzug psychotroper Substanzen
	  - Alkohol, Drogen
	  - Stimulantien
	  - Benzodiazepine
	  - Antidepressiva
	  - Lithium
	  - Barbiturate
	  - Methaqualon
	• Zytostatika
	  - Methotrexat
	  - Vinblastin
	  - Asparaginase
	  - Procarbazin
	  - Interferone
	  - Interleukine
	• Organische Lösungsmittel / toxische Substanzen am Arbeitsplatz

Tab. 8.12: Substanzen, die eine depressive Störung verursachen können.
* modifiziert nach Broich, in: Marneros 1999.

9. Depressionen im Längsschnitt

Die meisten von einer Depression betroffenen Menschen erkranken mehrfach in ihrem Leben.

Es handelt sich dann entweder um eine rezidivierende Depression oder um eine bipolare affektive Störung, wenn im Verlauf auch manische Symptome auftreten.

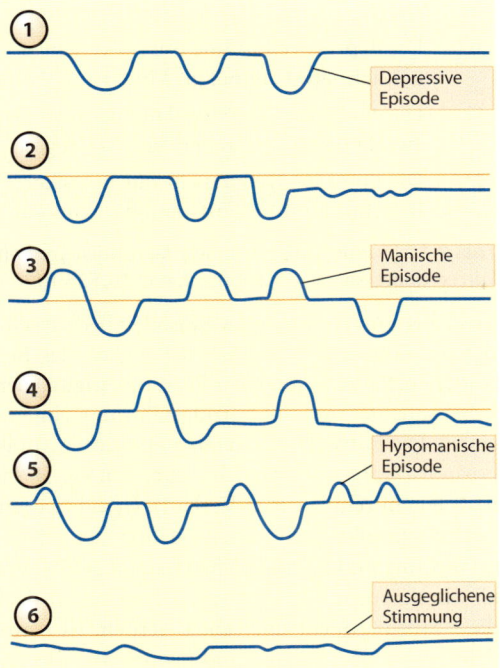

Abb. 9.1: Schematische Kurven rezidivierender affektiver Störungen.
1: Unipolare Depression mit Vollremission
2: Unipolare Depression mit persistierenden Alterationen
3: Bipolare Störung (Bipolar I) mit Vollremission
4: Bipolare Störung (Bipolar I) mit persistierenden Alterationen
5: Bipolare Störung (Bipolar II)
6: Dysthymie

Zwischen den Krankheitsepisoden kommt es in der Mehrzahl der Fälle zur völligen Symptomfreiheit; allerdings ist - besonders nach langjährigem Krankheitsverlauf - auch das Auftreten von persistierenden Alterationen (residuale Symptome, ☞ auch Kapitel 10.1.1.) möglich. Auch chronische

Verläufe kommen vor. Abbildung 9.1 gibt einen Überblick über die verschiedenen Verlaufstypen der wichtigsten Erkrankungen, bei denen depressive Episoden bzw. Zustandsbilder vorkommen.

9.1. Unipolare Depression

Synonyme: monopolare Depression, unipolare affektive Störung, rezidivierende depressive Störung, rekurrente Depression.

Von einer unipolaren Depression bzw. rezidivierenden depressiven Störung spricht man, wenn im Krankheitsverlauf wiederholt depressive Episoden auftreten, unterbrochen von Zeiten psychischer Gesundheit.

Eine unipolare Depression bzw. monopolare Depression ist eine psychische Störung, die durch das wiederholte (rezidivierende, rekurrente) Auftreten depressiver Episoden charakterisiert ist. Im Verlauf treten weder manische noch hypomanische oder manisch-depressiv gemischte Episoden auf. Die Symptome der depressiven Episode, wie sie im Kapitel 'Querschnittssyndrome' (☞ Kap. 8.) dargestellt wurden, müssen für die auftretenden depressiven Episoden erfüllt sein. In der ICD-10 erfolgt die diagnostische Einordnung in der Kategorie F33 ("rezidivierende depressive Episode").

Das **Erstmanifestationsalter** ist bei unipolaren affektiven Erkrankung unterschiedlich, liegt aber in der Regel höher als bei bipolaren affektiven Störungen und bei schizoaffektiven Erkrankungen. Am häufigsten manifestieren sich unipolare Depressionen zum ersten Mal zwischen dem 35. und 45. Lebensjahr. **Frauen** erkranken zwei- bis dreimal häufiger als Männer; dies steht ebenfalls im Gegensatz zu den bipolaren Formen.

Der **Schweregrad** einer unipolaren Depression ist unterschiedlich, es können leichte bis schwere Episoden auftreten, und zwar mit oder ohne somatisches Syndrom sowie mit oder ohne psychotische Symptome. Die Möglichkeit, dass aus einer rezidivierenden unipolaren Depression durch das Auftreten einer manischen Episode eine bipolare Störung wird, ist praktisch nie auszuschließen, wird aber nach der dritten Episode auf ca. 20 % reduziert. Patienten, bei denen es im Verlauf von einer zunächst unipolaren Form zu einem bipolaren Verlauf kommt, werden in der Literatur als "**falsch unipolar**" bezeichnet.

Die falsch unipolare Form affektiver Störungen muss von den "**pseudo-unipolaren**" Formen unterschieden werden, die zwar nur depressive Episoden ohne manische, hypomanische oder gemischte Episoden aufweisen, aber sich von den reinen unipolaren Patienten auf verschiedenen Ebenen unterscheiden und einige Merkmale bipolarer Patienten zeigen. Die wichtigsten davon sind das junge Ersterkrankungsalter, die familiäre Belastung mit bipolaren Erkrankungen, Substanzmissbrauch (oder auch in der Familie) und hohe Rezidivfrequenz.

> Bei den "pseudo-unipolaren" Patienten ist die Gefahr der Provokation einer manischen Episode durch Antidepressiva gegeben.

Während die ICD-10 das Auftreten einer hypomanischen Episode sofort nach einer depressiven Episode noch als zugehörig zur Diagnose "unipolar" und damit zur "rezidivierenden depressiven Störung" (F33) betrachtet, wird im DSM-IV in solchen Fällen die Diagnose einer Bipolar-II-Störung gestellt (☞ Kapitel 9.7.).

9.2. Rezidivierende kurzandauernde Depression

> Bei rezidivierenden kurzen depressiven Störung kommt es auch zum wiederholten Auftreten depressiver Episoden, allerdings sind diese von kürzerer Dauer als die üblicherweise für depressive Episoden geforderten 2 Wochen.

Als rezidivierende bzw. rekurrente kurzandauernde Depression wird eine Depressionsform definiert, die im Querschnitt das volle symptomatologische Bild einer depressiven Episode und im Längsschnitt das Bild einer unipolaren bzw. rekurrenten depressiven Störung bietet. Der Unterschied zur oben beschriebenen rezidivierenden bzw. unipolaren Depression liegt in der Dauer der Episoden (kürzer als 14 Tage, in der Regel 1-3 Tage), die die ansonsten für eine depressive Episode geforderte Dauer von mindestens 2 Wochen unterschreitet. Bei den häufig auftretenden kurzen depressiven Episoden findet sich keine Beziehung

zum Menstruationszyklus (Kriterien ☞ Tab. 9.1). Differentialdiagnostisch sind verschiedene Störungsbilder abzugrenzen, die in Tabelle 9.2 dargestellt sind.

Diagnostische Kriterien der rezidivierenden kurzen depressiven Störung (nach ICD-10, F38.10)	
A	Die Störung erfüllt die Kriterien für eine leichte (F32.0), eine mittelgradige (F32.1) oder eine schwere (F32.2) depressive Episode.
B	Die depressive Episode trat im vergangenen Jahr etwa einmal im Monat auf.
C	Die einzelnen Episoden dauern kürzer als zwei Wochen (typischerweise 2-3 Tage).
D	Die Episoden treten nicht nur in fester Beziehung zum Menstruationszyklus auf.

Tab. 9.1: Diagnostische Kriterien der rezidivierenden kurzen depressiven Störung (nach ICD-10, F38.10).

Trotz der kurzen Dauer der Episoden beeinträchtigt die Erkrankung die Arbeitsfähigkeit des Betroffenen. Sie kann mit einer Beeinträchtigung der Lebensqualität und mit Suizidgefährdung einhergehen. Die Entwicklung zu einer "typischen" unipolaren Depression ist nicht selten (in ca. 20 % nach einem zehnjährigen Verlauf). Gerade wegen der Einschränkung der Lebensqualität, der Suizidgefährdung und des möglichen Ausganges in eine klassische Form der unipolaren Depression darf diese Störung nicht übersehen werden. Es empfiehlt sich eine Therapie und Prophylaxe wie bei den typischen depressiven Episoden (☞ Kapitel 19.).

Differentialdiagnose bei der rekurrenten kurzdauernden Depression	
Störungsbild	Abgrenzung
Kurzandauernde depressive Exazerbationen bei einer Borderline-Störung	Neben den rezidivierenden kurzen depressiven Zuständen besteht die komplexe Symptomatik einer Borderline-Störung (☞ Kap. 12.4.)
Prämenstruelles Syndrom	Depressive Phasen ausschließlich zyklusgebunden, und zwar luteal (ca. 5 bis 7 Tage prämenstruell)
Dysthymie	Die Dysthymie ist eine chronische Störung; zwischen den evtl. auftretenden kurzdauernden depressiven Phasen kommt es nicht zur Vollremission
Depressive Persönlichkeit	Anhaltende lebenslange Störung, kein phasenhafter Verlauf

Tab. 9.2: Differentialdiagnose bei der rekurrenten kurzdauernden Depression.

9.3. Dysthymie

Bei der Dysthymie handelt es sich um eine chronische, oftmals nicht so schwer ausgeprägte depressive Verstimmung (Dauer mindestens 2 Jahre). Das Konzept der Dysthymie hat den Begriff "neurotische Depression" weitgehend abgelöst.

Als Dysthymie bzw. Dysthymia wird eine anhaltende affektive Störung bezeichnet, die in Form einer chronischen depressiven Verstimmung auftritt, jedoch nach Schweregrad und Dauer nicht die Kriterien der rezidivierenden depressiven Störung erfüllt. Die langandauernde depressive Verstimmung ist niemals oder nur sehr selten ausgeprägt genug, um als leichte oder mittelgradige depressive Störung bezeichnet zu werden. Die diagnostischen Kriterien nach ICD-10 sind in Tabelle 9.3 dargestellt.

Kriterien der Dysthymie (F34.1 nach ICD-10)	
A	Konstante oder konstant wiederkehrende Depression über einen Zeitraum von mindestens zwei Jahren. Dazwischenliegende Perioden normaler Stimmung dauern selten länger als einige Wochen, hypomanische Episoden kommen nicht vor.
B	Keine oder nur sehr wenige der einzelnen depressiven Episoden während eines solchen Zwei-Jahres-Zeitraumes sind so schwer oder dauern so lange an, dass sie die Kriterien für eine rezidivierende leichte depressive Störung (F33.0) erfüllen.
C	Wenigstens während einiger Perioden der Depression sollten mindestens drei der folgenden Symptome vorliegen: • verminderter Antrieb oder Aktivität • Schlaflosigkeit • Verlust des Selbstvertrauens oder Gefühl von Unzulänglichkeit • Konzentrationsschwierigkeiten • Neigung zum Weinen • Verlust des Interesses oder der Freude an Sexualität und anderen angenehmen Aktivitäten • Gefühl von Hoffnungslosigkeit und Verzweiflung • erkennbares Unvermögen, mit den Routineanforderungen des täglichen Lebens fertig zu werden • Pessimismus im Hinblick auf die Zukunft oder Grübeln über die Vergangenheit • sozialer Rückzug • verminderte Gesprächigkeit

Tab. 9.3: Kriterien der Dysthymie (F34.1 nach ICD-10).

Das Konzept der Dysthymie hat in den modernen Klassifikationssystemen das Konzept der "depressiven Neurose" bzw. der "neurotischen Depression" abgelöst und ist diesen sehr ähnlich, in einigen Teilen auch identisch.

Zur **Prognose** der Dysthymie kann gesagt werden, dass sie einen chronischen Verlauf hat, in der Regel eine lebenslange Erkrankung ist und nicht selten in eine klassische unipolare Depression mündet bzw. mit ihr koexistiert. Dann wird der Begriff der "Doppeldepression" ("double depression") angewandt: Es besteht eine chronische depressive Verstimmung nach den Kriterien der Dysthymie, außerdem treten rezidivierend depressive Episoden auf, die die Kriterien einer depressiven Episode erfüllen.

Die Abgrenzung der Dysthymie von Persönlichkeitsstörungen ("Borderline-Störung", "depressive Persönlichkeitsstörung" bzw. "depressives Temperament") ist manchmal sehr schwierig. Auch die **Therapie** ist nicht unproblematisch, die meisten positiven Erfahrungen wurden mit Antidepressiva vom SSRI-Typ und MAO-Hemmern - jeweils in Kombination mit Psychotherapie - gemacht.

9.4. Depressive Persönlichkeitsstörung

Nach der ICD-10 ist das Konzept der depressiven Persönlichkeitsstörung in das Konzept der Dysthymie eingegangen, so dass sich eine zusätzliche Kategorie erübrigt. Da die Diskussion hierüber jedoch noch nicht abgeschlossen ist, werden in Tabelle 9.4 die im DSM-IV definierten Forschungskriterien für die depressive Persönlichkeitsstörung dargestellt. Danach wird als depressive Persönlichkeitsstörung eine anhaltende und tiefgreifende Erlebnis- und Verhaltensmusterkonstellation bezeichnet, die im frühen Erwachsenenalter beginnt und durch Niedergeschlagenheit, Freudlosigkeit, Selbstwertproblematik, Grübeln etc. charakterisiert ist.

Der Vergleich der entsprechenden Kriterien zeigt, dass die Differenzierung von einer Dysthymie schwierig ist. Der Verlauf ist wie bei fast allen Persönlichkeitsstörungen chronisch und lebenslang, genaue Therapiestrategien sind nicht definiert. Es wird eine Therapie mit Antidepressiva vom SSRI-Typ in Kombination mit Psychotherapie empfohlen, entsprechende Studien liegen jedoch nicht vor.

Kriterien für die depressive Persönlichkeitsstörung (nach DSM-IV)	
A	Ein tiefgreifendes Muster depressiver Kognitionen und Verhaltensweisen, das im frühen Erwachsenenalter beginnt und in einer Vielzahl von Zusammenhängen zu Tage tritt, angezeigt durch mindestens fünf der folgenden Kriterien
	• die übliche Stimmung ist durch Niedergeschlagenheit, Trübsinnigkeit, Unbehaglichkeit, Freudlosigkeit und Unglücklichsein gekennzeichnet
	• das Selbstkonzept zentriert sich um Überzeugungen der Unzulänglichkeit, Wertlosigkeit und niedrigen Selbstachtung
	• ist kritisch, anklagend und herabsetzend gegen sich selbst
	• grübelt und sorgt sich
	• ist negativistisch, kritisch und verurteilend gegen andere
	• ist pessimistisch
	• neigt zu Schuldgefühlen und Gewissensbissen
B	Tritt nicht ausschließlich während Episoden einer Major Depression auf und kann nicht besser durch eine dysthyme Störung erklärt werden.

Tab. 9.4: Kriterien für die depressive Persönlichkeitsstörung (nach DSM-IV).

9.5. Depressives Temperament

Als depressives Temperament werden Persönlichkeitseigenschaften definiert, die noch unter der Schwelle einer "Störung" liegen, sei es die "Persönlichkeitsstörung", sei es die "anhaltende affektive Störung". Die wichtigsten Merkmale eines depressiven Temperaments sind in Tabelle 9.5 dargestellt.

Depressives Temperament*
• schwermütig, unfähig zu Spaß, anklagend
• humorlos
• skeptisch, pessimistisch, Grübelneigung
• Neigung zu Schuldgefühlen, niedriges Selbstwertgefühl, Insuffizienzgefühle
• introvertiert, mit eingeschränktem sozialen Leben
• träge, ohne soziale Aktivitäten
• wenig Interessen, aber falls welche vorhanden, kann denen mit relativer Konstanz nachgegangen werden
• passiv
• zuverlässig, abhängig, ergeben
• gewohnheitsmäßige Langschläfer (mehr als 10 Stunden pro Nacht)

Tab. 9.5: Depressives Temperament.
* nach Marneros 1999.

Da es sich beim depressiven Temperament nicht um eine Erkrankung oder Störung handelt, ist eine zielgerichtete Therapie nicht nötig. Eine unterstützende Psychotherapie zur Bewältigung von Alltagsproblemen und zur Gestaltung von zwischenmenschlichen Beziehungen wird allerdings von Menschen mit depressivem Temperament häufig in Anspruch genommen.

9.6. Unipolare schizoaffektive Störung

Als unipolar wird diejenige schizoaffektive Erkrankung bezeichnet, die während des gesamten Verlaufes nie manische Symptome aufweist. Im Verlauf einer unipolaren schizoaffektiven Störung können depressive, schizodepressive und auch schizophrene Krankheitsepisoden auftreten. Hinsichtlich des Auftretens verschiedener Typen von Krankheitsepisoden sind unipolare schizoaffektive Verläufe sehr variabel (☞ auch Abb. 9.2).

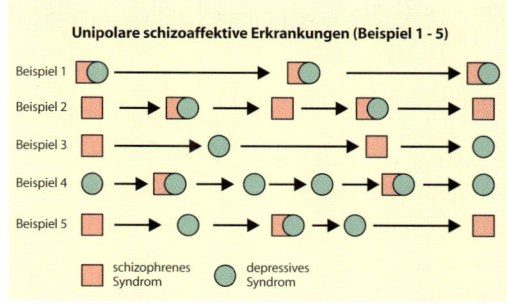

Abb. 9.2: Schema unipolar depressiver Krankheitsverläufe (nach Marneros 1995).

Zwischen unipolaren und bipolaren schizoaffektiven Erkrankungen zeigt sich eine Reihe von relevanten Unterschieden. Unipolare schizoaffektive Störungen sind im Vergleich zu bipolaren schizoaffektiven Störungen charakterisiert durch

• höheres Erstmanifestationsalter

• häufigeres Auftreten bei Frauen

• geringe Episodenzahl und längere freie Intervalle zwischen den Episoden

Ansprechen auf eine Prophylaxe mit Lithium oder andere affektstabilisierende Medikamente (mood stabilizer), ähnlich wie bei unipolaren affektiven Störungen.

9.7. Bipolare affektive Störung

Bei den bipolaren affektiven Störungen treten manische bzw. manisch-depressiv gemischte Krankheitsepisoden auf, häufig auch im Wechsel mit depressiven Episoden. Zwei Formen werden unterschieden:

• Bipolar I-Störung (Verlaufsform mit voll ausgeprägten manischen Episoden)

• Bipolar II-Störung (Verlaufsform mit hypomanischen Episoden

Zu den bipolaren Störungen werden diejenigen Depressionsformen gerechnet, die im Verlauf auch manische Symptome aufweisen. Allerdings werden nach neuen Erkenntnissen auch Störungen als bipolar bezeichnet, die nur manische, aber keine depressiven Symptome aufweisen. Genetische, biologische und Verlaufsstudien belegen die enge Verwandtschaft zwischen der früher als "monopolare Manie" bezeichneten Störung mit den bipolaren Erkrankungen. Da die sogenannten "monopolaren Manien" extrem selten sind (unter

Symptomatik der manischen / hypomanischen Episode (nach ICD-10)		
F30.0	Hypomanie	A. Gehobene oder gereizte Stimmung in einem für den Betroffenen deutlich abnormen Ausmaß an mindestens 4 aufeinanderfolgenden Tagen.
		B. Mindestens 3 der folgenden Merkmale müssen vorhanden sein und die persönliche Lebensführung beeinträchtigen:
		- gesteigerte Aktivität oder motorische Ruhelosigkeit
		- Gesteigerte Gesprächigkeit
		- Konzentrationsschwierigkeiten oder Ablenkbarkeit
		- Vermindertes Schlafbedürfnis
		- Gesteigerte Libido
		- Übertriebe Einkäufe oder andere Arten von leichtsinnigem oder verantwortungslosem Verhalten
		- Gesteigerte Geselligkeit oder übermäßige Vertraulichkeit
F30.1	Manie ohne psychotische Symptome	A. Die Stimmung ist vorwiegend gehoben, expansiv oder gereizt und für den Betroffenen deutlich abnorm. Dauer: mindestens 1 Woche.
		B. Mindestens 3 der folgenden Merkmale müssen vorliegen (vier bei gereizter Stimmung) und eine schwere Störung der alltäglichen Lebensführung verursachen:
		- Gesteigerte Aktivität oder motorische Ruhelosigkeit
		- Gesteigerte Gesprächigkeit ("Rededrang")
		- Ideenflucht oder subjektives Gefühl von Gedankenrasen
		- Verlust normaler sozialer Hemmungen, was zu einem den Umständen unangemessenen Verhalten führt
		- Vermindertes Schlafbedürfnis
		- Überhöhe Selbsteinschätzung oder Größenwahn
		- Ablenkbarkeit oder andauernder Wechsel von Aktivitäten oder Plänen
		- Tollkühnes oder rücksichtsloses Verhalten, dessen Risiken die Betroffenen nicht erkennen, z.B. Ausgeben von Lokalrunden, törichte Unternehmungen, rücksichtsloses Fahren
		- Gesteigerte Libido oder sexuelle Taktlosigkeit
F30.2	Manie mit psychotischen Symptomen	Gleiche Symptomatik wie F30.1, aber Vorhandensein von Wahn (meist Größenwahn) oder Halluzinationen (meist Stimmen, die unmittelbar zum Betroffenen sprechen)

Tab. 9.6: Symptomatik der manischen / hypomanischen Episode (nach ICD-10).

10 % der Manien) wird von manchen Autoren ihre Existenz als artefiziell bezeichnet, in dem Sinne, dass leichte depressive Verstimmungen bei den Patienten nicht erfasst werden. In der ICD-10 erfolgt die Zuordnung rezidivierender bipolarer affektiver Störungen in der Kategorie F31; mit der 3. Stelle wird dann die jeweils aktuelle Episode erfasst (z.B. F 31.0 "bipolare affektive Störung, gegenwärtig hypomanische Episode"; F31.3 "bipolare affektive Störung, gegenwärtig mittelgradige oder leichte depressive Episode" etc.). Die Differenzierung zwischen Hypomanie und Manie erfolgt zum einen nach dem Schweregrad der Symptomatik, zum anderen nach der Dauer (☞ Tab. 9.6).

In der Literatur werden verschiedene bipolare affektive Störungen differenziert. Zwei davon haben sich durchgesetzt (Bipolar I und Bipolar II, ☞ auch Tab. 9.7), allerdings mit dieser Bezeichnung noch keinen Eingang in die ICD-10 gefunden.

Bipolare Verlaufsformen affektiver Störungen	
Bipolar I	Verlaufsform mit voll ausgeprägten manischen Episoden
Bipolar II	Verlaufsform, bei der neben mindestens einer voll ausgeprägten depressiven Episode auch hypomanische Episoden, aber keine vollständigen manischen Episoden auftreten.

Tab. 9.7: Bipolare Verlaufsformen affektiver Störungen.

Bipolare Patienten unterscheiden sich von Betroffenen mit unipolaren Erkrankungen auf verschiedenen Ebenen:

- früheres Erstmanifestationsalter
- häufiger Männer als Frauen betroffen
- mehr Episoden und kürzere freie Intervalle
- andere Therapiestrategien
- höhere Komorbidität mit Substanzmissbrauch

Man geht heute davon aus, dass die bipolaren Formen affektiver Erkrankungen eine separate Entität bilden, und nicht - wie Kraepelin es früher annahm - dass unipolare und bipolare Formen zusammen zur Gruppe der manisch-depressiven Erkrankung gehören.

9.8. Zyklothymia

Unter dem Begriff Zyklothymia wird eine andauernde Instabilität der Stimmung mit zahlreichen Perioden leichter Depression und Phasen leicht gehobener Stimmung zugeordnet.

Zyklothymia ist das bipolare Äquivalent zur Dysthymie (es wird von Zyklothymia und nicht von Zyklothymie gesprochen, um diese Form nicht mit der älteren deutschen Bezeichnung für die bipolare bzw. manisch-depressive Erkrankung zu verwechseln). Als Zyklothymia wird eine andauernde Instabilität der Stimmung mit zahlreichen Perioden der leichten Depression und Perioden der leicht gehobenen Stimmung bezeichnet. Die diagnostischen Kriterien sind in Tabelle 9.8 dargestellt, die differentialdiagnostisch zu beachtenden Zustände in Tabelle 9.9.

Diagnostische Kriterien der Zyklothymia (nach ICD-10)	
A	Stimmungsinstabilität mit mehreren Perioden von Depression und Hypomanie, mit oder ohne normaler Stimmung im Intervall über mindestens zwei Jahre.
B	Während einer solchen Zwei-Jahres-Periode war keine depressive oder hypomanische Stimmungsschwankung so schwer oder so lang anhaltend, dass sie die Kriterien für eine manische, eine mittelgradige oder schwere depressive Episode erfüllte. Manische oder depressive Episoden können jedoch vor oder nach einer solchen Periode länger anhaltender Stimmungsinstabilität auftreten
C	Wenigstens während einiger depressiver Episoden sollten mindestens drei der folgenden Symptome vorhanden sein: • verminderter Antrieb oder Aktivität • Schlaflosigkeit • Verlust des Selbstvertrauens oder Gefühl von Unzulänglichkeit • Konzentrationsschwierigkeiten • sozialer Rückzug • Verlust des Interesses oder der Freude an Sexualität und anderen angenehmen Aktivitäten • verminderte Gesprächigkeit • Pessimismus im Hinblick auf die Zukunft oder Grübeln über die Vergangenheit
D	Wenigstens während einiger Perioden mit gehobener Stimmung sollten drei der folgenden Symptome vorhanden sein: • vermehrter Antrieb oder Aktivität • herabgesetztes Schlafbedürfnis • überhöhtes Selbstgefühl • geschärftes oder ungewöhnlich kreatives Denken • mehr Geselligkeit als sonst • gesprächiger oder witziger als sonst • gesteigertes Interesse und Sicheinlassen in sexuelle und andere angenehme Aktivitäten

Tab. 9.8: Diagnostische Kriterien der Zyklothymia (nach ICD-10).

Trotz der relativ leichten Ausprägung depressiver und hypomaner Symptome schränkt diese Störung die Lebensqualität des betroffenen Menschen ein.

Während der hypomanen Perioden können sozial inakzeptable Verhaltensmuster auftreten, wie etwa ein übermäßiges Kaufbedürfnis, extravagante und teilweise katastrophale Finanzaktionen, Inkonstanz im beruflichen Bereich und bei der Zukunftsplanung. Phasen von Promiskuität und anschließenden Scham- und Schuldgefühlen sowie Alkohol- und Medikamentenmissbrauch sind ebenfalls zu beobachten.

Zur **Prognose** kann gesagt werden, dass die Zyklothymia eine anhaltende und damit eine chronische Störung ist. Man erhofft eine therapeutische Resonanz durch die gleichen Therapiestrategien wie bei anderen bipolaren Erkrankungen.

Differentialdiagnose der Zyklothymia	
Zyklothymes Temperament	Ein zyklothymes Temperament wird durch Schwankungen der Stimmung bzw. durch Mischung von depressiven und hyperthymen Merkmalen gekennzeichnet, ohne dass dabei die Dimension einer Persönlichkeitsstörung oder einer affektiven Störung erreicht wird.
Borderline-Störung	Bei der Borderline-Störung sind die Stimmungsschwankungen nicht abgesetzt und langandauernd. Darüber hinaus findet man dabei die übliche, meist komplexe Symptomatik der Borderline-Störung (☞ Kap. 12.4.).

Tab. 9.9: Differentialdiagnose der Zyklothymia.

9.9. Zyklothymes Temperament

Das zyklothyme Temperament wird durch Schwankungen der Stimmung zwischen Heiterkeit und Traurigkeit bzw. durch eine Mischung von depressiven und hyperthymen Merkmalen gekennzeichnet, ohne dass dabei die Dimension einer Persönlichkeitsstörung oder einer affektiven Störung erreicht wird.

9.10. Bipolare schizoaffektive Störung

Schizoaffektive Störungen können ebenso wie die reinen affektiven Störungen eine unipolare und eine bipolare Verlaufsform zeigen. Verschiedene Episodentypen können auftreten; die Variabilität der Verläufe ist erheblich (☞ auch Abb. 9.3).

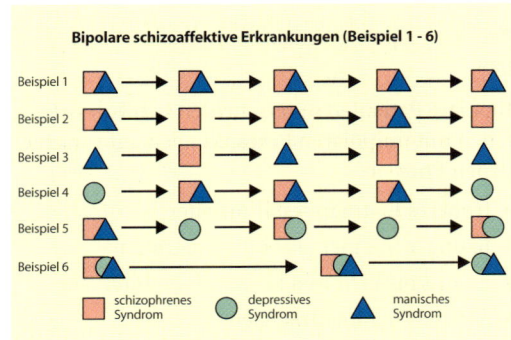

Abb. 9.3: Bipolare Verlaufstypen (nach Marneros 1995).

Wie auch die bipolaren affektiven Störungen sind die schizoaffektiven bipolaren Erkrankungen im Vergleich zur unipolaren Verlaufsform (Schizodepression) charakterisiert durch:

- jüngeres Erstmanifestationsalter
- häufigeres Auftreten bei Männern
- häufigere Episoden und kürzere freie Intervalle

Reaktion auf Prophylaxe mit Lithium oder anderen Affektstabilisatoren genauso wie die affektiven bipolaren Erkrankungen

9.11. Rapid Cycling-Form

Die Rapid Cycling-Form der bipolaren Störung mit häufigen affektiven Episoden (mindestens 4 pro Jahr) bereitet in der Praxis erhebliche therapeutische Probleme und ist in der Regel mit einer eher schlechten Prognose verbunden.

Als Rapid Cycling werden vorwiegend bipolare (von manchen Autoren auch unipolare) affektive Erkrankungen bezeichnet, die mindestens vier affektive Episoden innerhalb von zwölf Monaten aufweisen. In der ICD-10 wird diese Form über die rezidivierenden Störungen hinaus nicht extra codiert, während es im DSM-IV die Möglichkeit der zusätzlichen Kategorisierung gibt (☞ Kriterien in Tab. 9.10).

Kriterien für die Kategorie "Rapid Cycling" (nach DSM-IV) (sowohl bei Bipolar-I- als auch Bipolar-II-Störungen anzuwenden)
Mindestens vier Episoden einer affektiven Störung in den vergangenen 12 Monaten, die die Kriterien für eine manische, gemischte oder hypomane Episode oder eine Episode einer Major Depression erfüllen.
Beachte: Die Episoden sind entweder durch eine zweimonatige Remission voneinander abgegrenzt oder durch einen Wechsel zu einer Episode mit entgegengesetzter Polarität (z.B. von depressiver Episode zu manischer Episode).

Tab. 9.10: Kriterien für die Kategorie "Rapid Cycling" (nach DSM-IV).

In der Regel ist die Zahl der Episoden viel häufiger als in der Definition verlangt wird.

Man schätzt, dass die Rapid-Cycling-Form bei 5-20 % der bipolaren affektiven Erkrankungen zu finden ist. Tabelle 9.11 zeigt noch 3 Subformen des Phänomens Rapid Cycling.

Formen des Rapid Cycling	
Rapid Cycling	mindestens vier Phasen pro Jahr
Ultra Rapid Cycling	häufige Episoden wechseln innerhalb von Tagen
Ultra-ultra Rapid Cycling (bzw. Ultra-diane Form)	manische, depressive oder gemischte Symptomatik wechselt innerhalb von wenigen Stunden

Tab. 9.11: Formen des Rapid Cycling.

Die Rapid Cycling-Form gilt aus folgenden Gründen als eine schwere Form der bipolaren Erkrankung:

- Therapie und Prophylaxe sind problematisch
- Antidepressiva können beschleunigend auf das Auftreten von neuen Krankheitsepisoden wirken
- Wahrscheinlich ist Lithium insuffizient als Prophylaktikum (Valproat, Carbamazepin und atypische Neuroleptika sind eventuell effektiver)
- schlechte Langzeitprognose

- Die psychosoziale Kontinuität des Patienten wird erheblich beeinträchtigt

Das Auftreten einer Rapid Cycling Störung kann durch folgende Faktoren begünstigt werden:

- weibliches Geschlecht
- Schilddrüsenfunktionsstörungen
- Menopause
- Temporallappen-Arrhythmien
- Alkohol-, Beruhigungsmittel-, Stimulanzien- und Koffeinabusus
- Langzeitbehandlung mit Antidepressiva

Selten beginnt der Verlauf einer bipolaren Erkrankung mit einem Rapid-Cycling-Phänomen. Es ist in der Regel eine Erscheinung, die erst im späteren Verlauf auftritt. Nur in wenigen Fällen wird der Gesamtverlauf dadurch dominiert; bei den meisten Patienten mit bipolaren Erkrankungen handelt es sich um ein temporäres Phänomen.

9.12. Saisonal-abhängige Depression

Charakteristikum der saisonal-abhängigen Depression ist nicht nur das Auftreten in bestimmten Jahreszeiten, sondern auch eine für depressive Episoden eher untypische Konstellation mit Appetitsteigerung, Gewichtszunahme und erhöhtem Schlafbedürfnis.

Es handelt sich um rezidivierende depressive Zustände, die in einem regelmäßigen zeitlichen Zusammenhang mit bestimmten Jahreszeiten auftreten, und zwar eher in den "dunklen" Jahreszeiten (Herbst, Winter).

Die Häufigkeit der saisonal-abhängigen Depression wird bestimmt durch den Breitengrad (sie ist offensichtlich in subtropischen und tropischen Zonen unbekannt). In unseren Breiten wird das Vorkommen dieser Form unterschiedlich geschätzt, manche Autoren sprechen von 0,4- 3 % der depressiven Erkrankungen, andere schätzen jedoch die Häufigkeit bis fast 10 % depressiver Episoden.

Die Saisonalität betrifft vorwiegend die depressiven, manchmal jedoch auch manische Episoden, oder depressive Episoden, die im Verlauf von bipolaren Erkrankungen auftreten. Die ICD-10 hat keine speziellen diagnostischen Kriterien für die saisonale Form der Depression entwickelt. Die wesentlichsten klinischen Charakteristika der saisonal-abhängigen Depression sind in Tabelle 9.12 aufgeführt. Die besonderen Abgrenzungsmerkmale gegenüber einer typischen nicht-saisonal gebundenen depressiven Episode, bei der üblicherweise Appetitlosigkeit, Gewichtsverlust und Schlafstörungen mit Verminderung der Schlafdauer auftreten, ist bei der saisonalen Form das Vorhandensein einer Appetitsteigerung mit Hyperphagie und ein erhöhtes Schlafbedürfnis.

Wesentliche Charakteristika der saisonal-abhängigen Depression
• depressive Stimmungslage, Dysphorie
• Adynamie, Minderung von Antrieb und Initiative
• Angst
• sozialer Rückzug, Interaktionsprobleme
• Reduktion der Libido
• Hypersomnie
• vermehrtes Essen
• Gewichtszunahme
• Heißhunger auf Süßigkeiten oder Kohlehydrate ("carbohydrate craving")
• in der Regel gute therapeutische Ansprechbarkeit auf Lichttherapie

Tab. 9.12: Wesentliche Charakteristika der saisonal-abhängigen Depression.

Die Therapie einer saisonal abhängigen Depression erfolgt mit Lichttherapie. Sollen Antidepressiva eingesetzt werden, dann ist das beste Ansprechen für Antidepressiva vom SSRI-Typ oder andere selektive Antidepressiva (NaSSA) belegt.

9.13. Chronische Depression

Als chronische Depression werden langandauernde depressive Zustände bezeichnet. Der Begriff wird uneinheitlich verwendet.

Der Begriff chronische Depression ist unpräzise und wird mit unterschiedlicher Bedeutung verwendet. In der Regel wird als chronische Depression ein langandauernder depressiver Zustand bezeichnet, der über zwei Jahre andauert.

Zur Definition der chronischen Depression werden aber außer der Gesamtdauer des Zustandes noch sehr unterschiedliche Parameter herangezogen. Einige davon sind die folgenden:

• Länge der Phasendauer und der Phasenhäufigkeit

• Persistenz von psychopathologischen Symptomen

• soziale Konsequenzen der Erkrankung

• Art der psychopathologischen Konstellationen und ihre Intensität

• spätere Beimischung von organischen Symptomen

Die in diesem Sinne definierte Depression bezeichnet in der Regel eine "residuale chronische Depression", also einen chronischen depressiven Zustand, der nach längerer Krankheitsdauer einer rezidivierenden affektiven Störung auftritt. Als "primäre chronische Depression" wird aber auch die Dysthymie bezeichnet, seltener auch die depressive Persönlichkeit, das depressive Temperament oder andere Zustände, die in Tabelle 9.13 aufgeführt sind.

Spektrum der Chronizität der Depression*
• Depressives Temperament
• Dysthymie
• Residuale depressive Symptome
• Chronische Episode einer Major depression
• Rekurrente kurzandauernde Depression
• Protrahierte gemischte Depression
• Depressiv-dominierte Rapid-Cycling-Verlaufsform
• Chronische Adaptationsstörungen mit depressiver Stimmung
• Chronische komorbide Zustände mit depressiver Stimmung
• Chronische Depression sekundär zu körperlichen Erkrankungen

Tab. 9.13: Spektrum der Chronizität der Depression. * nach Cassano und Savino 1997, Quelle ☞ Marneros 1999.

10. Depression und ihre Folgen

10.1. Ausgang

> Die Mehrzahl depressiver Störungen gehört zur Gruppe der rezidivierenden Erkrankungen. Meist kommt es zwischen den depressiven Episoden jeweils zur Vollremission. Allerdings treten auch in etwa 1/4 bis 1/3 der Fälle nach mehren Krankheitsepisoden dauerhafte Veränderungen im Sinne persistierender Alterationen auf; es kommt nicht mehr zur völligen Symptomfreiheit.

Der weitere Verlauf nach Abklingen einer depressiven Symptomatik ist unter anderem abhängig davon, zu welcher diagnostischen Gruppe die abgeklungene Depression zu rechnen ist (z.B. einer rezidivierenden depressiven Störung, einer Anpassungsstörung, einer depressiven Persönlichkeit etc.).

Menschen, die an einer depressiven Episode erkranken, die diagnostisch einer unipolaren oder bipolaren affektiven oder schizoaffektiven Störung zuzurechnen ist, werden mit hoher Wahrscheinlichkeit in ihrem Leben an weiteren depressiven Episoden erkranken (oder je nach zugrundeliegender Störung auch an manischen bzw. manisch-depressiv-gemischten, schizodepressiven, schizomanischen bzw. schizomanisch-depressiv gemischten Episoden).

> Nur bei etwa 10 % aller Betroffenen bleibt es bei einer einzelnen depressiven Episode (monophasischer Verlauf).

Anders ist es beispielsweise bei depressiven Syndromen, die zur Gruppe der Anpassungsstörungen gehören - dabei ist der weitere Verlauf in der Regel abhängig vom Vorkommen weiterer belastender Lebensereignisse.

In der Mehrzahl der Fälle kommt es zwischen den einzelnen Krankheitsepisoden einer unipolaren oder bipolaren affektiven oder schizoaffektiven Störung jeweils zur Vollremission; die Patienten erreichen ihr vorheriges Funktionsniveau wieder. Sogenannte **sekundäre Krankheitsfolgen** sind allerdings besonders zu Beginn der Erkrankung häufig. Dazu zu rechnen sind etwa eine allgemeine

Verunsicherung des Betroffenen, Verlust des Selbstbewusstseins, der Unbeschwertheit etc.

Einen **primär chronischen Verlauf**, d.h. einen Verlauf ohne zwischenzeitliche Symptomfreiheit, zeigt beispielsweise die Dysthymie (per definitionem Mindestdauer 2 Jahre) sowie die depressive Persönlichkeit.

10.1.1. Persistierende Alterationen

Etwa 25 % bis 30 % aller depressiv Erkrankten leiden nach langjährigem Krankheitsverlauf unter persistierenden Alterationen (bzw. residualen Symptomen). In der Regel sind diese persistierenden Veränderungen allerdings leicht ausgeprägt und führen nur selten zu schweren Einschränkungen im allgemeinen Funktionsniveau.

Die Angabe exakter Zahlen zur Häufigkeit persistierender Alterationen (bzw. residualer Symptome) bei affektiven und schizoaffektiven Erkrankungen ist schwierig, da bei den entsprechenden Untersuchungen unterschiedlichste Definitionen verwendet werden. Es ist aber davon auszugehen, dass zwischen 15 % und 35 % aller unipolar oder bipolar affektiv und ca. 40 % bis 50 % der schizoaffektiv Erkrankten nach dem Auftreten mehrerer Krankheitsepisoden bzw. nach langjährigem Krankheitsverlauf nicht mehr zur vollständigen Symptomfreiheit zurückkommen (☞ auch Abb. 10.1.)

> Schwierig ist es oftmals, zwischen primären Krankheitsfolgen (krankheitsimmanente bleibende Veränderungen) und sekundären Krankheitsfolgen (indirekte Folgen der Erkrankung, wie etwa Verunsicherung, Verlust von Selbstbewusstsein und Unbeschwertheit etc.) zu unterscheiden.

Einen Überblick über die vorkommenden Formen persistierender Alterationen bei "endogenen" Psychosen insgesamt (Ergebnis einer Langzeitverlaufsuntersuchung über schizophrene, schizoaffektive und affektive Psychosen) gibt Tabelle 10.1; der Vollständigkeit halber und um die Abgrenzung deutlich zu machen, sind auch Formen erwähnt, die nur bei schizophrenen Störungen vorkommen. Im Gegensatz zu schizophrenen und schizoaffekti-

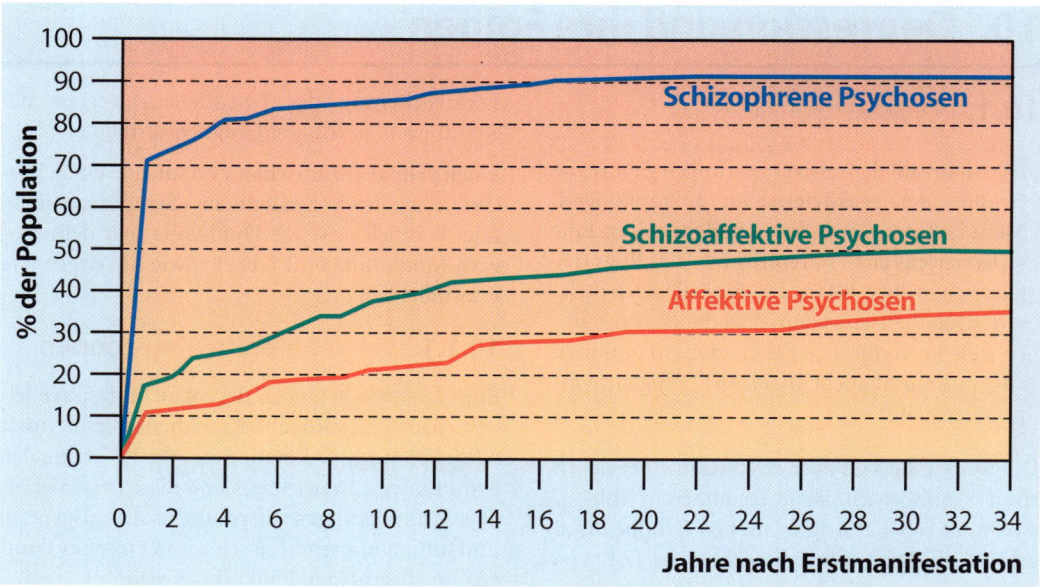

Abb. 10.1: Auftreten persistierender Alterationen (Jahre nach Erstmanifestation; nach Marneros, Deister, Rohde 1991).

Typ persistierender Alterationen	Schizoaffektive Störungen*	Affektive Störungen*
Leichtes asthenisches Insuffizienzsyndrom	19 %	21 %
Chronifiziertes subdepressives Syndrom	4 %	13 %
Chronifiziertes hyperthymes Syndrom	4 %	2 %
Strukturverformung	2 %	-
Chronifizierte Psychose	-	-
Adynam-defizitäres Syndrom	16 %	-
Apathisch-paranoides Syndrom (bzw. apathisch-halluzinatorisches Syndrom)	5 %	-
Entleerungssyndrom	-	-

Tab. 10.1: Überblick über die vorkommenden Formen persistierender Alterationen bei "endogenen" Psychosen insgesamt.
* Häufigkeitsverteilung nach Marneros, Deister Rohde, 1991.

ven Erkrankungen kommen **bei unipolaren und bipolaren affektiven Störungen nur die leichteren Formen persistierender Alterationen** vor. Die typischen bei affektiven Störungen auftretenden Formen persistierender Alterationen sind das "leichte asthenische Insuffizienzsyndrom" und das "chronifizierte subdepressive Syndrom" (☞ Tab. 10.2). Bei schizoaffektiven Störungen und insbesondere bei schizodepressiven Störungen ist das Spektrum möglicher Folgeerscheinungen etwas

breiter, es treten Formen auf, die auch bei langjährigem schizophrenen Krankheitsverlauf beobachtet werden (☞ Tab. 10.1 und 10.2).

10.1.2. Depression und Beruf

Die Depression ist sowohl in ihrer unipolaren als auch in der bipolaren Form eine lebenslange Erkrankung und kann erhebliche Konsequenzen auf die Erwerbsfähigkeit und die berufliche Mobilität haben. Dabei sind die Einflüsse der Erkrankung al-

Typ persistierender Alterationen	Klinische Symptomatik*	Vorkommen
Leichtes asthenisches Insuffizienzsyndrom	Geringe Reduktion des psychischen energetischen Potentials. Allenfalls leichte, subjektiv wahrgenommene Konzentrationsstörungen. Leichtere affektive Verstimmungen, die aber nicht im Vordergrund des klinischen Bildes stehen. Keine produktiv-psychotische Symptomatik oder allenfalls ganz im Hintergrund und passager.	Bei affektiven und schizoaffektiven Störungen, seltener bei schizophrenen Psychosen
Chronifiziertes subdepressives Syndrom	Chronifizierte subdepressive Symptomatik steht im Vordergrund des klinischen Bildes. Keine Affektverarmung; keine produktiv-psychotische Symptomatik; keine Verlangsamung.	Bei affektiven, seltener bei schizoaffektiven Störungen
Chronifiziertes hyperthymes Syndrom	Chronifizierte hyperthyme Symptomatik steht im Vordergrund des klinischen Bildes. Keine Affektverarmung: keine produktiv-psychotische Symptomatik; keine Verlangsamung	Selten bei bipolaren affektiven und schizoaffektiven Störungen
Strukturverformung	Anhaltende Verformung des Charakters in Form des Sonderlingshaften, des Originellen oder auch des Eigenbrötlerischen. Produktiv-psychotische Symptome stehen nicht im Vordergrund des Bildes. Keine wesentlichen Störungen der Affektivität; keine Verlangsamung.	Selten bei schizophrenen und schizoaffektiven Störungen
Chronifizierte Psychose	Chronifizierte produktiv-psychotische Symptome (in der Regel paranoide Symptome). Keine wesentlichen Störungen der Affektivität, allenfalls Auftreten leichterer Stimmungsschwankungen. Keine wesentlichen Störungen des Ausdrucks oder der Kontaktfähigkeit.	Bei schizophrenen Pychosen
Apathisch-paranoides Syndrom (bzw. apathisch-halluzinatorisches Syndrom)	Anhaltende produktiv-psychotische Symptomatik. Deutliche Verlangsamung. Affektive Verarmung; ausgeprägte Störung der Kontaktfähigkeit; ausgeprägter sozialer Rückzug; Fehlen von Interesse in fast allen Bereichen. Deutliche Verminderung von Energie und Initiative; Einbußen werden subjektiv kaum wahrgenommen.	Häufig bei schizophrenen, selten bei schizoaffektiven Störungen
Adynam-defizitäres Syndrom	Mäßige Reduktion des psychischen energetischen Potentials. Verminderung des Interesses für alltägliche Ereignisse. Affektivität vermindert, aber nicht völlig verflacht. Verhalten und Ausdruck zeigen eine geringe Variationsbreite. Kein Eindruck einer "kühlen Isolierung". Keine durchgehend depressive oder gehobene Stimmungslage. Produktiv-psychotische Symptome nur im Hintergrund und passager.	Bei schizophrenen und schizoaffektiven Störungen
Entleerungssyndrom	Starke Verminderung des Antriebs; ausgeprägter Mangel an Energie und Initiative; Fehlen von Interesse in allen Bereichen. Affektive Verarmung; Verflachung von Mimik und Gestik; "Kühle Isolierung". Deutliche Störung der Konzentrationsfähigkeit; erhöhte Ablenkbarkeit; gestörte Auffassungsfähigkeit; Einbußen werden subjektiv kaum wahrgenommen. Keine anhaltende produktiv-psychotische Symptomatik.	Bei schizophrenen Psychosen

Tab. 10.2: Überblick über die vorkommenden Formen persistierender Alterationen bei bei affektiven Störungen (* modifiziert nach Marneros, Deister Rohde, 1991).

lerdings nicht so gravierend wie bei schizophrenen Patienten.

> Nicht selten ist eine rezidivierende oder auch eine chronische Depression ein Grund für ein Ausscheiden aus dem Erwerbsleben und eine vorzeitige Berentung.

Fast 30 % der Patienten mit einer affektiven Erkrankung erfahren während eines langjährigen Verlaufes eine **negative Veränderung des beruflichen Status** (also eine negative berufliche Mobilität), d.h. dass sich der berufliche Status während der Gesamterkrankungsdauer negativ verändert bzw. der Patient aufgrund der psychischen Erkrankung vorzeitig berentet wird. Bei schizoaffektiven Patienten ist dieser Anteil mit ca. 40 % höher als bei den von rein affektiven Erkrankungen Betroffenen. Allerdings können Patienten mit einer Depression auch noch nach Beginn der Erkrankung eine **positive berufliche Entwicklung** durchmachen; nach eigenen Untersuchungen beträgt dieser Anteil mit positiver beruflicher Mobilität ca. 20 %. Unter einer positiven beruflichen Mobilität ist beispielsweise zu verstehen, wenn ein Betroffener durch weitere Qualifizierung in seinem Beruf aufsteigt, wenn er befördert wird (allerdings ohne die "routinemäßige" Laufbahnbeförderung) oder neue Aufgaben und Leitungsfunktionen übernimmt. Solche Entwicklungen sind vor allem dann möglich, wenn die therapeutischen Maßnahmen rechtzeitig beginnen, konsequent und richtig eingesetzt werden und damit sekundäre Krankheitsfolgen (wie etwa Verunsicherung etc., ☞ auch Kap. 10.1.1.) vermieden werden können.

10.1.3. Depression und soziale Mobilität

Als "soziale Mobilität" wird die Entwicklung der sozialen Schichtzugehörigkeit zwischen Herkunftsschicht und sozialer Schicht des Patienten nach langjähriger Dauer der Erkrankung bezeichnet. Eine **negative soziale Mobilität**, also ein Abstieg in der sozialen Schicht, findet sich nach langjährigem Krankheitsverlauf bei etwa 1/5 bis 1/4 affektiver und schizoaffektiver Patienten. Die soziale Mobilität hängt sehr stark mit der beruflichen Mobilität zusammen. Die Diskrepanz zwischen höherem Anteil negativer beruflicher Mobilität (ca. 30 % bei affektiven, 40 % bei schizoaffektiven Stö-

rungen) und einer geringeren Häufigkeit negativer sozialer Mobilität (20 bis 25 %) resultiert daraus, dass die berufliche Beeinflussung häufig nicht so gravierend ist, dass die Patienten ihren erworbenen sozialen Status und ihre Schichtzugehörigkeit verlieren.

Aber bei einem beträchtlichen Teil von Patienten mit affektiven Erkrankungen gibt es auch eine **positive soziale Mobilität** (etwa 40 %). Dies ist damit zu erklären, dass die Erkrankung erst in relativ höherem Lebensalter beginnt, so dass die positive soziale Entwicklung seit der Ablösung von der Primärfamilie (Herkunftsschicht) bereits so stabil und gut etabliert ist, dass auch die Erkrankung keinen negativen Einfluss mehr hat. Vor allem bei bipolaren Patienten gibt es aufgrund ihrer prämorbiden Persönlichkeit (sthenisch, ehrgeizig, kreativ etc.) viel Potential für eine positive berufliche und soziale Entwicklung.

10.1.4. Depression und Autarkie

Autarkie stellt - pragmatisch gesehen - die Fähigkeit des Patienten dar, sich selbst und die von ihm abhängigen Familienmitglieder zu versorgen. **Fast alle Patienten mit einer rein affektiven Erkrankung (unipolare und bipolare Form) können sich im langjährigen Krankheitsverlauf ihre Autarkie weitgehend erhalten**, nämlich über 90 %. Patienten mit einer unipolaren schizoaffektiven Erkrankung erleben häufiger Beeinträchtigungen der Autarkie. Dennoch sind 80 % der schizoaffektiven Patienten auch nach langfristigem Verlauf in der Lage, selbständig zu leben und sich und ihre Familie zu versorgen. Nur in seltenen Einzelfällen ist die Unterbringung in einer beschützenden Einrichtung, wie etwa einem Wohnheim, einem Pflegeheim oder einer Langzeitstation in einem psychiatrischen Krankenhaus erforderlich.

10.1.5. Depression und Ehe/Partnerschaft

Eine Depression ist meist eine ernsthafte Erkrankung. Sie quält nicht nur den betroffenen Patienten, sondern stellt auch enorme Anforderungen an den Partner und an Familienangehörige. Die Betreuung eines depressiven Familienangehörigen verlangt viel Kraft, viel Verständnis und viel Geduld. Insofern ist es erstaunlich, wie wenige Ehen depressiver Menschen nach Ausbruch der Erkrankung zur Trennung oder Scheidung führen (nach eigenen Untersuchungen etwa 5 %).

Ein Grund für die relative Stabilität der Ehen bzw. Partnerschaften depressiver Menschen ist sicher, dass vor allem die unipolaren Formen der Depression in relativ späterem Alter beginnen, so dass eine Festigung und Stabilisierung der Beziehung zwischen den Partnern bereits stattgefunden hat.

Bei schizoaffektiven Patienten ist die Scheidung und Trennung nicht so selten (nach eigenen Untersuchungen bei etwa ¼ der Patienten nach Ausbruch der Erkrankung). Dabei handelt es sich wahrscheinlich auch um eine Auswirkung der im Vergleich zu affektiven Störungen oftmals sehr viel komplexere Problematik von häufigen Krankheitsepisoden, persistierenden Alterationen, negativer beruflicher und sozialer Mobilität etc.

Zu erwähnen ist übrigens auch, dass vor allem Frauen nach dem Tod des Ehepartners erstmals an einer Depression erkranken.

> Wichtig ist im therapeutischen Prozess die Mitarbeit der Familienangehörigen, weshalb diese neben der Anamneseerhebung auch frühzeitig bei der Therapieplanung einbezogen werden sollten.

Informationen über Art der Erkrankung, Wirkung und Notwendigkeit der Psychopharmakotherapie und den zu erwartenden Verlauf können Ehepartnern und Angehörigen motivieren, den therapeutischen Prozess zu unterstützen. Auch "Richtlinien" zum eigenen Verhalten (z.B. keinen Druck ausüben, Patienten entlasten, immer wieder für die geäußerten Nöte und Sorgen ansprechbar sein, Suizidalität ernstnehmen etc.) können für Angehörige sehr hilfreich sein und auch krankheitsbedingte Schwierigkeiten in der Partnerschaft reduzieren helfen.

10.2. Depression und Mortalität

> In der Gruppe der depressiv Erkrankten gibt es eine insgesamt erhöhte Mortalität im Vergleich zur Allgemeinbevölkerung, allerdings nicht nur bedingt durch die deutlich erhöhte Suizidrate bei Depressiven.

Depressive Menschen haben im Vergleich zur alters- und geschlechtsvergleichbaren Allgemeinbe-

völkerung eine erhöhte Mortalität. Diese erhöhte Sterblichkeit wird in erster Linie bedingt durch die deutlich erhöhte Suizidrate bei Depressiven, allerdings wird damit nicht die gesamte Mortalität erklärt. Auch eine höhere Sterblichkeit durch Herz-Kreislauf-Erkrankungen, Lungenerkrankungen, Diabetes etc. wurde in verschiedenen epidemiologischen Untersuchungen nachgewiesen.

10.3. Depression und Suizidalität

> Suizidalität und speziell der vollendete Suizid ist die schlimmste Folge und Komplikation einer depressiven Störung. Suizidale Symptomatik erfordert immer akutes Handeln, evtl. auch Maßnahmen nach dem Gesetz zum Schutz psychisch Kranker (PsychKG).

Etwa 10 bis 15 % aller depressiv Erkrankten sterben am Suizid. Es muss davon ausgegangen werden, dass ca. 50 % der etwa 14.000 Menschen, die sich pro Jahr in Deutschland suizidieren, depressiv waren. Möglicherweise liegt die Zahl sogar noch höher, da von einer gewissen Dunkelziffer auszugehen ist. Es nicht immer möglich, endgültig zu entscheiden, ob ein Suizid vorgelegen hat. So ist davon auszugehen, dass auch bei den als Verkehrsunfällen registrierten Todesfällen unentdeckte Fälle von Suizid enthalten sind.

Männer sterben häufiger an Suizid, während Frauen eine höhere Rate von Suizidversuchen aufweisen. In Deutschland beträgt das Verhältnis Suizid zu Suizidversuch bei Männern 1 : 3,5, bei Frauen 1 : 15. Suizide kommen in allen Altersklassen vor; sowohl - wenn auch selten - bei Kindern bis ins hohe Alter.

10.3.1. Das suizidale Syndrom

Suizidalität ist ein ubiquitäres Symptom bei psychischen Störungen. Suizidale Gedanken und Impulse können am Tiefpunkt einer depressiven Episode ganz akut auftreten, sie können bei anderen Störungen (z.B. Borderline-Persönlichkeit oder Alkoholismus) auch chronisch vorhanden sein. 20 bis 60 % aller Depressiver haben in der Vorgeschichte bereits einen Suizidversuch begangen; 40 bis 80 % leiden während einer depressiven Episode an Suizidgedanken.

Suizidalität hat ein breites Spektrum, beginnend mit "lebensmüden" Gedanken (*"ach wäre ich doch tot"*) bis hin zum klaren, durchdachten Suizidplan. Dazwischen gibt es ein breites Spektrum von suizidaler Symptomatik, oftmals entwickelt sich auch die Suizidalität schrittweise und wird immer drängender, immer ernsthafter. Im Rahmen eines **präsuizidalen Syndroms** kommt es dabei zur zunehmenden Einengung auf depressive und hoffnungslose Gedanken und zum inneren Rückzug aus zwischenmenschlichen Beziehungen. Die Stufen suizidaler Symptomatik sind auch in Abbildung 10.2 dargestellt.

Je konkreter die Suizidgedanken, -pläne und -absichten sind, umso "gefährlicher" ist die Situation einzuschätzen. Bei der **Exploration suizidaler Symptomatik** müssen deshalb immer konkrete Fragen gestellt werden, die ggf. auch jeweils weiter in die Tiefe gehen (☞ Tab. 10.3). Verneint ein Patient das Vorhandensein suizidaler Symptomatik, sollte man sich nicht immer einfach damit zufrieden geben, da ein ernsthaft suizidaler Patient seine

Absichten zu verbergen sucht, um sie umsetzen zu können. Auch Angaben von Familienangehörigen oder sonstigen Bezugspersonen sind in solchen Fällen zu berücksichtigen. Auch die konkrete Frage, warum jemand sich denn eigentlich nicht umbringen möchte, was dagegen spricht, was ihn davon abhält, sollte im Einzelfall gestellt werden, wenn man die berechtigte Sorge hat, dass ein Patient seine Suizidalität zu verbergen sucht.

Neben der tiefen Depression, die besonders mit der Gefahr des Suizidversuches verbunden ist, gibt es aber auch andere Phasen der Erkrankung, in denen eine **besondere Gefährdung** besteht: Im Abklingen einer depressiven Episode (wenn Antrieb und Aktivität bereits wieder ausreichen, um Suizidimpulse umzusetzen, die Stimmung aber weiterhin depressiv ist) oder aber auch nach langjährigem Krankheitsverlauf mit Beginn einer neuen depressiven Episode (der betroffene Patient weiß, was auf ihn zukommt, und möchte sich und seinen Angehörigen das neue Leiden ersparen).

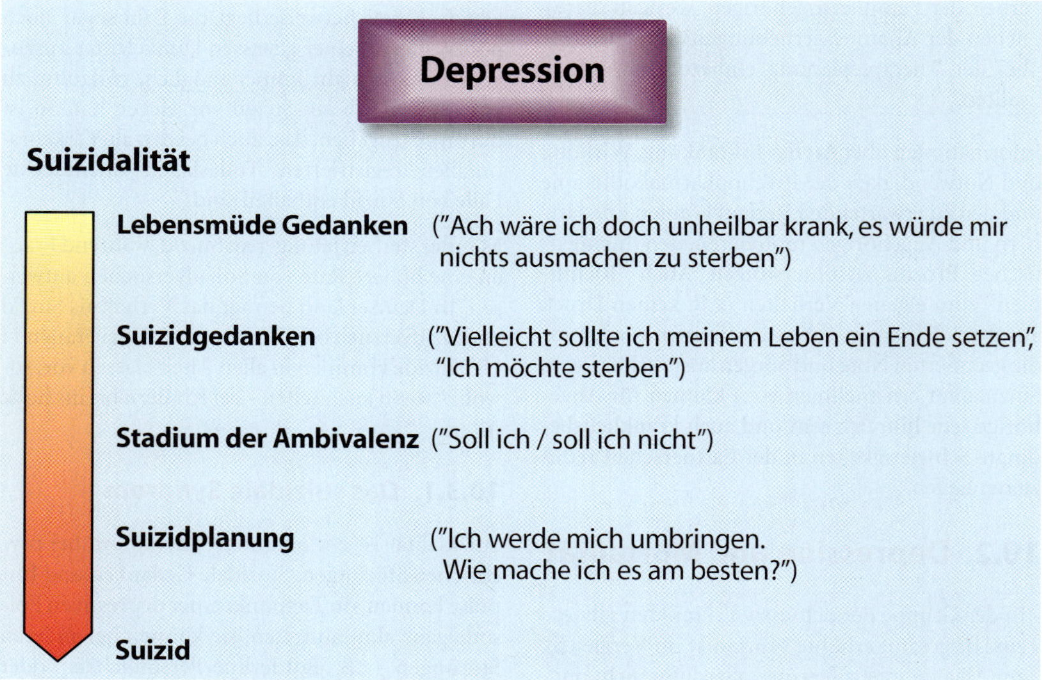

Abb. 10.2: Suizidalität-Stufenschema (lebensmüde Gedanken bis vollendeter Suizid).

Fragen zur Suizidalität

- Haben Sie schon einmal darüber nachgedacht, dass sie nicht mehr leben möchten, dass es besser wäre, tot zu sein?
- Haben Sie das Gefühl, dass alles sinnlos ist?
- Haben Sie auch schon einmal daran gedacht, sich selbst etwas anzutun?
- Haben sie schon überlegt, wie Sie das anstellen können?
- Haben Sie bereits Vorbereitungen getroffen? Welche?
- Haben Sie es schon einmal versucht? Was ist passiert?
- Haben Sie einen Plan, wie Sie es (noch einmal) durchführen können?
- Weshalb haben Sie es bisher nicht ausgeführt?
- Was könnte Sie in Zukunft davon abhalten, Ihre Absicht auszuführen?
- etc.

Tab. 10.3: Fragen zur Suizidalität.

Ein immer wieder auch bei psychiatrisch hospitalisierten Patienten auftretendes Problem ist der sogenannte "**raptusartige Suizid**". Dabei kommt es innerhalb weniger Sekunden bei einem vorher äußerlich "unauffälligen" Betroffenen zu einer suizidalen Handlung (z.B. Sprung aus dem Fenster, von einer Brücke etc.), die selbst für Anwesende nicht mehr zu verhindern ist. **Gerade die Gefahr einer solchen raptusartigen Umsetzung suizidaler Impulse ist einer der Gründe dafür, dass schwer depressive und insbesondere suizidal Gefährdete stationär behandelt werden müssen** und selbst bei noch so guter häuslicher Betreuung nicht ambulant behandelt werden können (☞ auch Fallbeispiel).

■ Fallbeispiel - Raptusartiger Suizid

Eine 55jährige Frau wird mit der 3. depressiven Episode einer unipolaren affektiven Störung auf einer offenen psychiatrischen Station behandelt.

In der Vorgeschichte gibt es keine Suizidversuche. Im Vordergrund der Symptomatik stehen depressive Verstimmung, Ängstlichkeit und Unruhe, zeitweise bis zur Agitiertheit, sowie ausgeprägte Schlafstörungen mit Morgentief. Sowohl bei der Aufnahme als auch im Verlauf der Behandlung gibt es keine Anzeichen von Suizidalität, bei entsprechenden Explorationen verneint die

Patientin jedes Mal das Vorhandensein lebensmüder Gedanken.

Auf die antidepressive Therapie reagiert die Patientin zunächst mit ausgeprägten Nebenwirkungen, nach Wechsel des Präparates kommt es nur langsam zur Verbesserung der Stimmungslage und des Schlafes.

Aus dieser Situation heraus springt die Patientin völlig überraschend an einem frühen Morgen aus dem Fenster ihres Krankenzimmers und erleidet schwere Verletzungen. Die spätere Nachexploration ergibt, dass der Gedanke, so nicht mehr weiterleben zu wollen, ganz plötzlich aufgekommen sei, als sie wach wurde. Die innere Unruhe und Spannung sei so schlimm gewesen und ihre Situation so hoffnungslos, dass sie keinen anderen Ausweg mehr gesehen habe. Heute könne sie sich das überhaupt nicht mehr erklären.

10.3.2. Prädiktoren für Suizide

Jede Äußerung von Suizidalität ist prinzipiell ernstzunehmen. Allerdings gibt es eine Reihe von Faktoren, bei deren Vorhandensein man noch aufmerksamer sein muss und mit der Umsetzung der suizidalen Impulse rechnen muss (☞ Tab. 10.4).

Faktoren, die zur Gefahr der Umsetzung suizidaler Impulse beitragen

- Schweres depressives Syndrom mit ausgeprägter Schuld- und Selbstwertproblematik
- Hoffnungslosigkeit, Gefühl der Sinnlosigkeit
- Wahnhafte Depression (z.B. mit Verarmungswahn, Schuldwahn)
- Schizodepressive Symptomatik
- Wiederholtes Auftreten einer schweren Depression im Rahmen einer rezidivierenden affektiven/schizoaffektiven Störung
- Suizidversuche in der Vorgeschichte
- Suizide in der Familie
- Vorhandensein persistierender Alterationen
- Hohes Alter
- Soziale Isolierung
- Komorbidität mit Sucht/Alkoholmissbrauch (primär oder sekundär)
- Zusätzliches Bestehen einer Persönlichkeitsstörung
- etc.

Tab. 10.4: Faktoren, die die Gefahr der Umsetzung suizidaler Impulse erhöhen.

10.3.3. Erweiterter Suizid

Von einem erweiterten Suizid spricht man, wenn ein Betroffener nicht nur seinem eigenen Leben ein Ende setzt, sondern auch eine oder evtl. mehrere ihm nahestehende Personen mit in den Tod nimmt. Meist handelt es sich dabei um Kinder, manchmal auch um Ehepartner oder sonstige geliebte Personen. Triebfeder dabei ist der eigene suizidale Impuls, die Unfähigkeit, sich ein weiteres Leben unter den aktuellen Bedingungen bzw. im aktuellen Zustand weiter vorzustellen, und auch der Wunsch, den anderen Betroffenen das weitere - vermeintlich hoffnungs- und perspektivlose - Leben zu ersparen, sie nicht auf dieser (bösen) Welt allein zurückzulassen.

> Gerade beim erweiterten Suizid zeigt sich ganz deutlich, dass die Liebe und Fürsorge für enge Familienangehörige keine ausreichende Haltefunktion für Betroffene hat und dass damit keine ausreichende Suizidprävention möglich ist.

■ Fallbeispiel Erweiterter Suizid

30jähriger junger Mann, der in der Vorgeschichte bereits mehrfach an manischen bzw. schizomanischen Episoden erkrankte. Jetzt stationäre Behandlung wegen einer schweren depressiven Episode mit Suizidgedanken. Er ist erst seit 1 Jahr verheiratet und liebt seine Frau sehr. Diese Gefühle für seine Frau hindern ihn zunächst daran, seine Suizidimpulse umzusetzen ("Das kann ich meiner Frau nicht antun"). Im weiteren Verlauf äußert er die suizidalen Gedanken auch seiner Frau gegenüber, und sie bittet ihn innig, dies nicht zu tun, da sie ohne ihn nicht leben könne.

Mit Zunahme der depressiven Symptomatik - etwa 2 Tage vor dem Geschehen - kommt beim Patienten erstmals der Gedanke auf, seine Frau mit in den Tod zu nehmen, um sie nicht allein zurückzulassen "in dieser grauen und hoffnungslosen Welt".

Nachdem er seine Suizidgedanken dem Krankenhauspersonal gegenüber verleugnet hat, wird ihm eine Wochenendbeurlaubung nach Hause ermöglicht. In der ersten Nacht zuhause erwacht er mit schwerer Unruhe und Verzweiflung; nach der Einnahme einer Schlaftablette schläft er noch einige Stunden weiter. Beim erneuten Erwachen haben die Verzweiflung, Hoffnungslosigkeit, Gefühle von Sinnlosigkeit und die innere Unruhe extrem zugenommen. Wie mechanisch ("blitzschnell") trifft er die Entscheidung, seine Frau und sich selbst von diesem Zustand zu erlösen. Er stürmt in die Küche, nimmt ein großes Messer, versetzt seiner Frau damit wahllos mehrere Stiche und sticht sich dann selbst mehrfach in die

Brust. Als beide am Morgen vom Vater gefunden werden, ist seine Frau bereits tot, er selbst überlebt schwerverletzt.

> Suizidale Symptomatik ist immer ernstzunehmen!

Sie zwingt in der Regel auch zum akuten Handeln. Ein suizidaler Patient darf nur im Ausnahmefall ambulant behandelt werden, im Normalfall ist das Bestehen suizidaler Symptomatik eine Indikation zur stationären Aufnahme - im Zweifelsfall auch gegen den Willen des Betroffenen. Suizidalität im Rahmen einer psychischen Störung erfüllt die Voraussetzung zur Anwendung des Gesetzes zum Schutz psychisch Kranker (**PsychKG**), das verlangt, dass zur Unterbringung gegen den Willen eines Betroffenen in einer psychiatrischen Klink neben dem Vorhandensein einer psychischen Störung eine ernsthafte Eigen- oder Fremdgefährdung vorliegen muss. **Eine solche Eigengefährdung kann jeder Arzt bestätigen und ist deshalb im akuten Notfall auch zum Handeln verpflichtet;** es muss nicht ein Psychiater sein, der die ersten Schritte zur Einweisung in eine psychiatrische Klinik vornimmt. Ländergesetze regeln jeweils, wie das praktische Vorgehen ist, welche Behörde eingeschaltet wird etc.

■ Therapie

Die **Behandlung suizidaler Symptomatik** richtet sich nach der Grunderkrankung, in deren Rahmen sie auftritt. Bei der Auswahl der Therapie wird das Vorhandensein suizidaler Symptome berücksichtigt, beispielsweise bei der Auswahl eines Antidepressivums (z.B. Auswahl eines eher sedierenden Antidepressivums und nicht eines primär antriebssteigernden Präparates).

Besonders im Hinblick auf die Gefahr eines Suizides im Verlauf einer rezidivierenden affektiven oder schizoaffektiven Erkrankung ist die Frage einer **prophylaktischen Behandlung** von Bedeutung. Langzeituntersuchungen konnten zeigen, dass durch den Einsatz einer Lithium-Prophylaxe die Sterblichkeit durch Suizid bei affektiv Erkrankten auf das Niveau der Normalbevölkerung absinkt.

11. Depression als Reaktion

Die Reaktion eines Menschen auf ein traumatisches Erlebnis oder eine längeranhaltende belastende Situation kann sehr unterschiedlich sein und ist mit geprägt durch die individuellen Bewältigungsmechanismen. Neben der ganz akuten Belastungsreaktion können depressive Reaktionen unterschiedlicher Länge, aber auch die sogenannte Posttraumatische Belastungsstörung entstehen. Die Therapie ist in erster Linie psychotherapeutisch. Bei manchen Fällen ist aber auch eine Psychopharmakotherapie erforderlich.

Die psychischen Reaktionen nach dem Verlust eines Menschen oder einem anderen traumatischen Erlebnis (z.B. Fehlgeburt oder Totgeburt, Verkehrsunfall, Opfer von Gewalt etc.) können von verschiedenem Ausmaß und unterschiedlicher Dauer sein. Symptome wie Traurigkeit, Weinen, Grübeln etc. sind Teil einer normalen Trauerreaktion, die zur Bewältigung des Verlustes bzw. des traumatischen Erlebnisses wichtig sind. Beispiele für Reaktionen, die über Trauer hinausgehen und als - wenn auch vorübergehende - psychische Störungen eingeordnet werden, sind in Tabelle 11.1 aufgeführt.

Offensichtlich spielen neben der Art des belastenden Ereignisses auch individuelle Faktoren eine erhebliche Rolle dabei, ob sich nach einem traumatisch erlebten Ereignis die Symptomatik einer Posttraumatischen Belastungsstörung oder auch

Mögliche psychische Störungen nach Verlusterlebnis/traumatischem Ereignis (diagnostische Einordnung nach ICD-10) Reaktionen auf schwere Belastungen und Anpassungsstörung*		
F 43.0	Akute Belastungsreaktion	Reaktion unmittelbar auf Mitteilung der Diagnose, nach anfänglicher "Betäubung" oft Depression, Angst, Ärger, Verzweiflung, Überaktivität, sozialer Rückzug, Dauer 2 bis 3 Tage
F 43.1	Posttraumatische Belastungsstörung	Auftreten innerhalb von 6 Monaten nach dem Ereignis: Wiedererleben der Situation mit Flashbacks, Träumen; andauerndes Gefühl des Betäubtseins, emotionale Stumpfheit; Vermeidung von Stimuli, die an das Trauma erinnern; Depression, Reizbarkeit, Vigilanzsteigerung, Schreckhaftigkeit, Schlaflosigkeit
F43.2	Anpassungsstörungen	Auftreten psychischer Symptome und Verhaltensstörungen nach einer identifizierbaren psychosozialen Belastung
F 43.20	Kurze depressive Reaktion	Vorübergehender leichter depressiver Zustand, der nicht länger als 1 Monat dauert
F 43.21	längere depressive Reaktion	Leichter depressiver Zustand auf eine länger anhaltende Belastungssituation, der aber nicht länger als 2 Jahre dauert
F 43.22	Angst und depressive Reaktion gemischt	Sowohl Angst als auch depressive Symptome sind vorhanden
F43.23	Mit vorwiegender Beeinträchtigung von anderen Gefühlen	Verschiedene affektive Qualitäten sind betroffen, wie etwa Angst, Depression, Besorgnis, Anspannung, Ärger
F43.24	Mit vorwiegender Störung des Sozialverhaltens	Hauptsächliche Störung zeigt sich im Sozialverhalten
F43.25	Mit gemischter Störung von Gefühlen und Sozialverhalten	Sowohl emotionale als auch Störungen des Sozialverhaltens sind bestimmende Symptome

Tab. 11.1: Reaktionen auf schwere Belastungen und Anpassungsstörung.
* ohne restliche Kategorien, wie etwa F43.28 (mit sonstigen vorwiegend genannten Symptomen), F43.8 (Sonstige Reaktionen auf schwere Belastung) und F43.9 (Nicht näher bezeichnete Reaktion auf schwere Belastung).

einer anderen Erlebnisreaktion entwickelt (☞ Tab. 11.2).

 Therapie

Die wichtigste therapeutische Maßnahme ist in den hier geschilderten Fällen die Prävention der Entwicklung einer ausgeprägten bzw. chronifizierten psychischen Störung durch eine frühzeitige Intervention nach dem Trauma.

Bei längerdauernden depressiven Reaktionen bzw. pathologischen Trauerreaktionen kann eine längerfristige psychotherapeutische Behandlung erforderlich werden.

Faktoren, die die Verarbeitung eines Traumas und ggf. die Entwicklung einer depressiven Reaktion/PTBS mit beeinflussen können	
Trauma	Dauer und Ausmaß des Traumas
Erleben während des Traumas	Gefühl des Ausgeliefertseins, keine Kontrolle mehr über die Situation zu haben, Hilflosigkeit, Erniedrigung
Biographische Faktoren	Frühere Traumatisierung (z.B. andere traumatische Erlebnisse, sexueller Missbrauch)
Psychische Situation vor dem Trauma	Psychiatrische Vorerkrankungen, psychische Vulnerabilität/Instabilität, PTBS-Vorgeschichte in der Familie
Persönlichkeit	z.B. hohes Kontrollbedürfnis, ausgeprägte Schamgefühle
Bewältigungsmechanismen	z.B. Verleugnung/Verdrängung vs. aktives Hilfesucheverhalten, Auseinandersetzung mit dem Trauma
Social support	Unterstützung und Verständnis durch Familie/Freunde/soziale Umgebung
Möglichkeit der therapeutischen Intervention	Möglichst frühzeitige Intervention (z.B. im Sinne einer Krisenintervention) und direkte Bearbeitung des Erlebten sind die besten Voraussetzungen für die rasche Verarbeitung eines Traumas

Tab. 11.2: Faktoren, die die Verarbeitung eines Traumas und ggf. die Entwicklung einer depressiven Reaktion/PTBS mit beeinflussen können.

11.1. Akute Belastungsreaktion

Die Akute Belastungsreaktion ist die erste, oft sehr intensive Reaktion auf ein traumatisches Ereignis - besonders dann, wenn dieses Ereignis plötzlich auftritt. Neben akuter Verzweiflung zeigt sich nicht selten eine Art "Schockreaktion" mit innerer Betäubung, Rückzug, aber auch Wut und Aggressionen. Die Symptome, die auch abhängen von den individuellen Bewältigungsmechanismen, klingen innerhalb von wenigen Stunden bis Tagen ab. Nicht selten werden sie dann abgelöst von einer depressiven Reaktion unterschiedlicher Dauer.

11.2. Kurze und längere Depressive Reaktionen

Zu den depressiven Reaktionen ist beispielsweise eine sogenannte "abnorme Trauerreaktion" bzw. "pathologische Trauer" zu rechnen. Darunter versteht man eine Trauerreaktion, die hinsichtlich Intensität und Dauer über das "normale", kulturspezifisch zu erwartende Ausmaß hinausgeht. Darin zeigt sich aber bereits die Schwierigkeit der genauen Definition, da Trauer oder auch sonstige Reaktionen auf ein belastendes Lebensereignis individuell sehr verschieden sein und kaum in Kriterien gepresst werden können.

Eine depressive Reaktion kann unterschiedlich lange andauern. Dauert sie weniger als einen Monat, spricht man von einer kurzen depressiven Reaktion (ICD-10 F43.20), dauert sie länger, wird sie als "längere depressive Reaktion" (ICD-10 F43.21) kategorisiert. Eine depressive Reaktion wird geprägt durch eine Reihe von depressiven Symptomen (depressive Verstimmung, Weinen, Grübeln, Schuldgefühle Schlafstörungen, Appetitstörungen, somatische Symptome etc.) leichter bis mittlerer Ausprägung. Es muss aber betont werden, dass das Vorhandensein eines belastenden Lebensereignisses im Vorfeld einer Depression ("live event") eine sogenannte endogene Depression nicht ausschließt. Im Gegenteil ist es so, dass eine Vielzahl von depressiven Episoden, z.B. als Teil einer rezidivierenden affektiven Störung, durch "live events" ausgelöst wird.

11.3. Posttraumatische Belastungsstörung

Auf die Posttraumatische Belastungsstörung (PTBS) wurde man vor allem durch psychisch erkrankte Soldaten in den beiden Weltkriegen aufmerksam. Es wurden übereinstimmende Symptome gefunden, die zunächst unter "Kriegs- und Gefechtsneurose", "Granatenschock" ("shell shock") oder auch "Kampfesmüdigkeit" zusammengefasst wurden. Auch bei Opfern der Konzentrations- und Flüchtlingslager und bei Opfern von sexueller Gewalt wurden diese wiederkehrenden Symptome beobachtet.

Näher erforscht und wissenschaftlich untersucht wurde die PTBS aber erst seit den 80er Jahren, nachdem die Störung ins DSM-III (Diagnostic and statistical manual of mental disorders) durch die Amerikanische Psychiatrische Gesellschaft aufgenommen wurde. In den 90er Jahren folgte die Aufnahme ins ICD-10. Nun rückten auch andere Traumata mit vergleichbaren Auswirkungen in das Interessensfeld. Für eine bessere Übersichtlichkeit wurden die Traumata zwei Gruppen zugeordnet, den "menschlich verursachten Traumata" und den "Katastrophen, berufsbedingten und Unfalltraumata" (☞ Tab. 11.3). Nach ICD-10 muss ein "kurz- oder langanhaltendes Ereignis oder Geschehen von außergewöhnlicher Bedrohung oder mit katastrophalem Ausmaß" vorausgegangen sein, "das nahezu bei jedem tiefgreifende Verzweiflung auslösen würde" (Weltgesundheitsorganisation, 1999). Diese Definition lässt jedoch die Zuordnung von weiteren schweren Lebensereignissen, wie lebensbedrohliche Krankheiten, Suizide in der Familie und medizinische Eingriffe nicht zu. Gerade in den letzten Jahren wird aber zunehmend über die Definition eines Traumas diskutiert, da immer deutlicher wird, dass auch in Zusammenhang mit anderen Erlebnissen die Symptomatik einer posttraumatischen Belastungsstörung auftreten kann (z.B. bei maligen Erkrankungen, nach Operationen, Entbindungen etc.).

Traumata als Ursache für eine Posttraumatische Belastungsstörung	
Menschlich verursachte Traumata	• Körperliche und sexuelle Misshandlungen, Vergewaltigung • Kriminelle und familiäre Gewalt • Kriegserlebnisse, Geiselnahme, Folter, Massenvernichtung
Katastrophen, berufsbedingte und Unfalltraumata	• Naturkatastrophen • technische Katastrophen, • berufsbedingte Unglücke, z.B. bei Polizei, Feuerwehr Arbeitsunfälle • Verkehrsunfälle

Tab. 11.3: Traumata als Ursache für eine Posttraumatische Belastungsstörung.

Die typische Symptomatik einer PTBS (☞ auch Tab. 11.4) kann sich mit einer Latenz von Wochen bis Monate nach dem traumatischen Ereignis entwickeln. Der Krankheitsverlauf kann sehr unterschiedlich sein und reicht von Spontanheilungen bis zur Chronifizierung der Symptomatik, die auch mit dauerhaften Persönlichkeitsveränderungen einhergehen kann.

 Therapie

Therapie der Wahl bei der PTBS ist die **traumaspezifische psychotherapeutische Behandlung** (z.B. die psychodynamische Kurztherapie nach Horowitz oder kognitiv-behaviorale Verfahren). EMDR (Eye Movement Desensitization and Reprocessing, nach Shapiro 1995) ist ein traumatherapeutisches Verfahren, das eine Synthese von Verhaltenstherapie und Psychodynamik darstellt und sich zunehmend verbreitet. In schweren PTBS-Fällen, insbesondere wenn sie mit einer ausgeprägten depressiven Symptomatik einhergehen, ist auch eine **medikamentöse antidepressive Therapie** (z.B. mit SSRI) erfolgversprechend.

Typische Symptome der PTBS (nach ICD-10 F43.1)	
Intrusionen	Anhaltende Erinnerungen oder Wiedererleben der Belastung durch aufdringliche Nachhallerinnerungen, lebendige Erinnerungen, sich wiederholende Träume oder durch innere Bedrängnis in Situationen, die der Belastung ähneln oder mit ihr in Zusammenhang stehen.
Vermeidungsverhalten	Umstände, die der Belastung ähneln oder mit ihr im Zusammenhang stehen, werden tatsächlich oder möglichst vermieden. Dieses Verhalten bestand nicht vor dem belastenden Erlebnis.

Amnesie oder Hyperarousal	• Teilweise oder vollständige Unfähigkeit, einige wichtige Aspekte der Belastung zu erinnern oder
	
	• Anhaltende Symptome einer erhöhten psychischen Sensitivität und Erregung (nicht vorhanden vor der Belastung) mit zwei der folgenden Merkmale:
	
	  - Ein- und Durchschlafstörungen
	  - Reizbarkeit oder Wutausbrüche
	  - Konzentrationsschwierigkeiten
	  - Hypervigilanz
	  - Erhöhte Schreckhaftigkeit

Tab. 11.4: Typische Symptome der PTBS nach ICD-10 (F43.1).

12. Komorbidität – Depression bei anderen psychischen Erkrankungen

Das Auftreten von depressiven Symptomen bis hin zum Vollbild einer melancholischen Symptomkonstellation bei anderen psychischen Erkrankungen ist häufig. Es kann sich sowohl um eine Folge der jeweiligen komorbid bestehenden Erkrankung als auch einen Teil der Gesamtsymptomatik handeln.

12.1. Depression bei Angsterkrankungen

Depressive Symptome können typische Begleiterscheinungen einer Angsterkrankung sein, oftmals reaktiv auf die aus der Angstsymptomatik resultierenden Einschränkungen (wie etwa Einengung des Lebens auf Vermeidungsverhalten und daraus resultierende Störungen des Familienlebens, der Berufstätigkeit und sozialer Kontaktmöglichkeiten). **Umgekehrt kann Angst aber auch ein wesentliches Begleitsymptom einer Depression sein.**

In Tabelle 12.1 sind die wichtigsten Kategorien von Angsterkrankungen nach ICD-10 aufgeführt. Besonders phobische Störungen und Panikerkrankungen gehen häufig mit komorbider Depression einher. Wichtig ist bei der Panikstörung die frühe Differentialdiagnose, nämlich ob es sich tatsächlich um eine depressive Verstimmung handelt, die reaktiv auf die zunehmenden Panikattacken und die daraus resultierenden Folgeerscheinungen auftritt, oder aber ob im Rahmen einer depressiven Episode Panikattacken als Symptom auftreten. Die genaue Anamneseerhebung und die Rekonstruktion des zeitlichen Auftretens der Symptome macht hier die Differentialdiagnose in der Regel einfach.

Die Symptomatik einer Panikattacke, wie sie sowohl bei Panikstörungen als auch bei depressiven Episoden auftreten kann, ist in Tabelle 12.2 dargestellt.

Charakteristika einer Panikattacke (nach ICD-10 F41)
Einzelne Episode von intensiver Angst oder Unbehagen
Abrupter Beginn
Innerhalb weniger Minuten ist ein Maximum der Symptomatik erreicht; Dauer mindestens einige Minuten
Mindestens *vier* Symptome der folgenden Liste müssen vorhanden sein, davon mindestens *eins der Symptome 1 bis 4:*

- Vegetative Symptome:
  1. Palpitationen, Herzklopfen oder erhöhte Herzfrequenz
  2. Schweißausbrüche
  3. fein- oder grobschlägiger Tremor
  4. Mundtrockenheit
- Symptome, die Thorax und Abdomen betreffen:
  5. Atembeschwerden
  6. Beklemmungsgefühl
  7. Thoraxschmerzen und -missempfindungen
  8. Nausea oder abdominelle Missempfinden (z.B. Unruhe im Magen)
- Psychische Symptome:
  9. Schwindel, Unsicherheit, Schwäche, Benommenheit
  10. Unwirklichkeits-/Entfremdungsgefühl (Derealisation, Depersonalisation)
  11. Angst vor Kontrollverlust, verrückt zu werden
  12. Angst zu sterben

Tab. 12.2: Charakteristika einer Panikattacke (nach ICD-10 F41).

 Therapie

Bei der Therapie der Angsterkrankungen empfiehlt sich eine Kombination von Pharmakotherapie und Psychotherapie, wobei im Längsschnitt die Psychotherapie das Primat haben sollte. Besonders

Die wichtigsten Angststörungen nach ICD-10 (Kategorie F40/F41*)		
F40	Phobische Störung	Störungsbilder, bei denen die Angst durch einzelne bzw. eindeutig definierte Situationen hervorgerufen wird. Die Situationen werden möglichst vermieden bzw. führen zu Fluchtverhalten. Die in der Situation entstehende Furcht geht mit verschiedenen vegetativen Symptomen einher, wie etwa Herzklopfen, Schweißausbrüche, Angst vor Kontrollverlust, Angst, wahnsinnig zu werden, zu sterben etc. **Phobische Ängste treten häufig gemeinsam mit Depressionen auf.**
F40.0	Agoraphobie	Bei der Agoraphobie stehen Befürchtungen im Vordergrund, das Haus zu verlassen, Geschäfte zu betreten, in Menschenmengen und auf öffentlichen Plätzen sein, allein mit öffentlichen Verkehrsmitteln zu reisen. Die Agoraphobie kann ohne (F40.00) oder mit Panikattacken (F40.01) auftreten. **Als Begleitsymptome sind Depressionen, Zwangssymptome sowie soziale Phobien häufig.**
F40.1	Soziale Phobien	Die Furcht vor der kritischen Betrachtung durch andere Menschen steht im Vordergrund und führt zur Vermeidung entsprechender sozialer Situationen. Oft mit ausgeprägter Selbstwertproblematik verbunden. Häufig auch begleitet durch vegetative Symptome, wie etwa Erröten, Händezittern, Übelkeit, Drang zum Wasserlassen.
F40.2	Spezifische Phobien	Phobien, die auf eng umschriebene Situationen bzw. Auslöser bezogen sind, z.B. Höhen, Dunkelheit, geschlossene Räume, bestimmte Tiere, etc. Verbunden mit entsprechendem Vermeidungsverhalten und in manchen Fällen auch Panikzuständen.
F41	Andere Angststörungen	Bei diesen Störungen steht die Angst im Vordergrund, ohne an bestimmte Situationen oder Auslöser gebunden zu sein. **Depressive und Zwangssymptome können vorhanden sein, sind aber sekundär.**
F41.0	Panikstörung	Störung mit wiederkehrenden Panikattacken, die nicht auf bestimmte Situationen oder Auslöser bezogen sind. Typische Begleitsymptome sind z.B. Herzrasen, Erstickungsgefühle, Schwindel, Entfremdungsgefühle, sekundär die Furcht zu sterben, die Kontrolle zu verlieren oder verrückt zu werden. **Sekundäre depressive Symptome sind häufig.** Besteht die Depression bereits zu Beginn der Panikattacken, handelt es sich wahrscheinlich um eine Depressive Episode mit Panikattacken.
F41.1	Generalisierte Angststörung	Wesentliches Symptom ist eine generalisierte und anhaltende Angst, ohne auf bestimmte Situationen oder Auslöser bezogen zu sein (frei flottierend). Vegetative Begleitsymptome sind häufig (Nervosität, Zittern, Muskelspannung, Schwitzen, Herzklopfen, Schwindel etc.) Nicht selten besteht die Furcht, der Betroffene selbst oder ein Angehöriger könnte einen Unfall haben oder schwer erkranken.
F41.2	Angst und depressive Störung gemischt	**Kategorie für gleichzeitiges Bestehen von Angst und Depression;** keine der beiden Störungen ist vorherrschend und rechtfertigt für sich allein genommen eine eigenständige Diagnose. Sind ängstliche und depressive Symptome so ausgeprägt, dass sie eine eigene Diagnose rechtfertigen würden, sind beide Diagnosen nebeneinander zu stellen; auf die Kategorie F41.2 wird dann verzichtet.

Tab. 12.1: Wichtigste Kategorien von Angsterkrankungen nach ICD-10 (Kategorie F40/F41).
* ohne restliche Kategorien (wie etwa "Sonstige..." oder "nicht näher bezeichnete Angststörungen" etc.) ☞ ICD-10 F40.8 bis F40.9, F41.3 bis F41.9.

geeignet sind die Kognitive Therapie und die Verhaltenstherapie (mit dem Prinzip der Reizüberflutung, besonders bei Panikstörungen und Phobien).

Neben Psychotherapie soll vor allem bei ausgeprägten Panikstörungen ein Antidepressivum (SSRI oder auch NaSSa) gegeben werden. Tranquilizer sollten wegen der Gefahr der Abhängigkeit und auch der schlechten Vereinbarkeit mit der Verhaltenstherapie möglichst vermieden werden.

Treten **Panikattacken im Rahmen eine depressiven Episode** auf, dann erfolgt die Therapie nach den Regeln der Antidepressiva-Therapie für depressive Episoden. Auch hierbei können verhaltenstherapeutische Maßnahmen sinnvoll sein.

Zur generalisierten Angststörung gibt es zwischenzeitlich einige Studien, die die Effektivität von Buspiron zeigen konnten, das anxiolytisch wirkt, ohne gleichzeitig zu sedieren. Tranquilizer aus der Gruppe der Benzodiazepine sollten wegen der Gefahr der Abhängigkeit vermieden werden.

12.2. Depression bei Zwangsstörungen

Zwangsstörungen sind charakterisiert durch wiederkehrende Zwangsgedanken und/oder Zwangshandlungen (Definitionen nach ICD-10, ☞ Tab. 12.3).

Zwangsgedanken haben in der Regel unangenehmen oder auch fremdaggressiven Inhalt und werden von den Betroffenen als ausgesprochen unangenehm und als unsinnig erlebt (Ausnahmen kommen vor nach sehr langem Krankheitsverlauf oder bei sehr schwerer Symptomatik, wenn die Betroffenen die Gedanken oder Handlungen durchaus "sinnvoll" finden, um damit z.B. ein drohendes Unheil abzuwenden.) Die Gedanken werden nicht als fremde Gedanken erlebt, womit die Abgrenzung von produktiv-psychotischen Erlebnissen, wie etwa Gedankeneingebung, möglich ist.

Zwangsgedanken als Symptom sind ubiquitär und können sowohl vereinzelt und passager bei Gesunden als auch bei einer Vielzahl psychischer Störungen vorkommen (z.B. schizophrene und schizoaffektive Psychosen, organische Psychosen, Borderline-Persönlichkeit etc.). Stehen Zwangsgedanken oder auch -handlungen im Vordergrund des psychopathologischen Bildes, dann handelt es sich am ehesten um eine Zwangsstörung (☞ Tab. 12.4). **Zwangsstörungen werden nicht selten von einer depressiven Verstimmung begleitet,** insbesondere nach langjährigem Krankheitsverlauf oder auch bei sehr quälendem Inhalt der Zwangsgedanken (beispielsweise dem immer wieder kehrenden Gedanken bzw. Impuls, dem eigenen Kind etwas anzutun). In diesem Fall sind die depressiven Symptome sekundär und verschwinden mit Ab-

Charakteristika von Zwangsgedanken und Zwangshandlungen nach ICD-10 (Kategorie F 42)	
Zwangsgedanken	• Ideen, Vorstellungen, Impulse, die stereotyp immer wieder auftreten
	• Fast immer quälend; die betroffene Person versucht häufig erfolglos, Widerstand zu leisten
	• Gedanken werden als zur eigenen Person gehörig erlebt, auch wenn sie als unangenehm und abstoßend erlebt werden
	• Sie werden in der Regel als übertrieben bzw. unsinnig erkannt
Zwangshandlungen	• Handlungen und Rituale, die ständig wiederholt werden
	• Sie werden nicht als angenehm erlebt und dienen auch nicht dazu, nützliche Aufgaben zu erfüllen
	• Oft als "Vorbeugung" gegen ein objektiv unwahrscheinliches Ereignis erlebt, was der betroffenen Person Schaden bringen oder bei dem sie selbst Unheil anrichten könnte
	• Im allgemeinen als sinnlos und ineffektiv erlebt
	• Angst ist meist vorhanden; werden Zwangshandlungen unterdrückt, verstärkt sich die Angst deutlich

Tab. 12.3: Charakteristika von Zwangsgedanken und Zwangshandlungen nach ICD-10 (Kategorie F 42).

Zwangsstörungen nach ICD-10 (Kategorie F42)		
F42.0	Vorwiegend Zwangsgedanken und Grübelzwang	Störung, bei der zwanghafte Ideen, bildhafte Vorstellungen oder Zwangsimpulse im Vordergrund stehen und für die betreffende Person fast immer quälend sind.
F42.1	Vorwiegend Zwangshandlungen (Zwangsrituale)	Meist beziehen sich die Zwangshandlungen auf Reinlichkeit, besonders Händewaschen, wiederholte Kontrollen oder übertriebene Ordnung und Sauberkeit. Dem Verhalten liegt Furcht vor Gefahr zugrunde; das Ritual ist ein wirkungsloser oder symbolischer Versuch, die Gefahr abzuwenden.

Tab. 12.4: Zwangsstörungen nach ICD-10 (Kategorie F42).

klingen der Zwangsgedanken. Sind die Zwangssymptome Teil einer depressiven Episode, spricht man vor allem in der älteren Literatur von einer anankastischen Depression (☞ Kapitel 8.4.5.).

Wichtig ist die differentialdiagnostische Abgrenzung von Zwangsgedanken zum zwanghaften Grübeln, wie es häufig im Rahmen depressiver Episoden auftritt. Auch dabei können sich die Betroffenen der immer wieder eindringenden Gedanken nicht erwehren, inhaltlich ist aber der Grübelzwang eingebettet in die allgemeine depressive Symptomatik und dreht sich meist um eigenes Versagen, Zukunftsängste etc.

Therapie

Die Therapie einer Zwangsstörung wird heute meist als **Kombination von Psychotherapie und Pharmakotherapie** durchgeführt. Psychotherapeutisches Verfahren der Wahl ist dabei die Kognitive Verhaltenstherapie, pharmakotherapeutisch sind die selektiv auf das Serotonin-System wirkenden Antidepressiva (z.B. SSRI) Mittel der ersten Wahl.

Handelt es sich um einen **Grübelzwang im Rahmen einer depressiven Episode** wird die Pharmakotherapie nach den üblichen Regeln einer Antidepressiva-Therapie durchgeführt.

12.3. Depression bei Essstörungen

Auch bei den typischen Essstörungen (Anorexie, Bulimie) sind depressive Symptome und Verstimmungen nicht selten. Dies ist am ehesten der Fall bei fortgeschrittener Erkrankung oder wenn die Essstörung als Teil einer Persönlichkeitsstörung auftritt, z.B. einer Borderline-Persönlichkeit. Patientinnen mit Essstörungen neigen ausgeprägt dazu, ihre Störung zu verheimlichen und Wohlbefinden vorzutäuschen.

Beim gemeinsamen Auftreten von Störungen des Essverhaltens und depressiver Symptomatik ist immer differentialdiagnostisch das Vorliegen einer depressiven Episode in Erwägung zu ziehen: Appetitminderung mit Gewichtsverlust ist eines der typischen depressiven Symptome und tritt bereits sehr früh zu Beginn der Depression auf. In Abgrenzung zur Anorexie wird hier aber der Gewichtsverlust nicht selbst herbeigeführt (z.B. durch ausgelöstes Erbrechen) und für die Betroffenen steht die Beschäftigung mit ihrem Gewicht und dem Körperbild nicht im Vordergrund; außerdem bestehen auch andere depressive Symptome (typische Schlafstörungen, Konzentrationsstörungen, Grübeln etc.). **Auch Heißhunger- und Fressattacken können im Rahmen depressiver Verstimmungen auftreten,** wie etwa im Rahmen einer "Saisonal abhängigen Depression" (☞ auch Kapitel 9.12.) oder einer "Atypischen Depression" (☞ auch Kapitel 8.4.4.). Aber auch im Rahmen reaktiver depressiver Verstimmungen bzw. unter dem Einfluss negativer Lebensereignisse oder Belastungen neigen viele Menschen zum "Frust-Essen". Besteht darüber hinaus keine depressive Symptomatik, ist die Störung unter F50.4 zu kategorisieren. Die genaue Anamneseerhebung und zeitliche Rekonstruktion des Auftretens der Symptomatik ermöglicht die Abgrenzung zwischen den verschiedenen Störungsbildern.

Steht die Symptomatik einer Essstörung im Vordergrund (☞ Tab. 12.5) und treten depressive Symptome vereinzelt oder in schwacher Form auf, dann erfolgt die diagnostische Einordnung in die Gruppe der Essstörungen. Besteht neben der typi-

Essstörungen nach ICD-10 (Kategorie F50)*		
F50.0	**Anorexia nervosa**	Charakterisiert durch absichtlich herbeigeführten Gewichtsverlust, z.B. durch induziertes Erbrechen, Einsatz von Laxantien und Appetitzüglern, körperliche Aktivitäten. Am häufigsten bei jungen Mädchen und Frauen. Untergewicht von mindestens 15 %, BMI < 17,5; Selbstwahrnehmung als zu dick, gestörtes Körperbild; verbunden mit endokrinen Auswirkungen, wie etwa Amenorrhoe. **Depressive und Zwangssymptome sowie Merkmale einer Persönlichkeitsstörung können vorkommen.**
F50.1	Atypische Anorexia nervosa	Kategorie für Patientinnen, bei denen das typische Bild einer Anorexia nervosa besteht, aber bestimmte Kernsymptome fehlen (z.B. Amenorrhoe)
F50.2	**Bulimia nervosa**	Wiederholte Anfälle von Heißhunger (Essattacken) und übertriebene Beschäftigung mit der Kontrolle des Körpergewichts stehen im Vordergrund. Tritt ebenfalls besonders bei jungen Frauen auf. Dem dickmachenden Effekt der konsumierten Nahrungsmittel wird entgegengesteuert durch selbstinduziertes Erbrechen, Missbrauch von Laxantien und Appetitzüglern etc. Krankhafte Furcht davor, dick zu werden. Durch das induzierte Erbrechen kommt es zu somatischen Komplikationen, z.B. Elektrolytstörungen, kardiale Arrhythmien etc. **Bulimische Patientinnen erleben häufig depressive Symptome.**
F50.3	Atypische Bulimia nervosa	Kategorie für Patientinnen, bei denen das typische Bild einer Bulimia nervosa besteht, aber bestimmte Kernsymptome fehlen; trifft z.B. häufig für Patientinnen mit Normal- oder Übergewicht zu. **Partialsymptome mit depressiven Symptomen sind häufig.**
F50.4	Essattacken bei anderen psychischen Störungen	Übermäßiges Essen als Reaktion auf belastende Ereignisse (z.B. schmerzliche Verluste, Unfälle, Operationen, emotional belastende Ereignisse), das zum Übergewicht geführt hat (Übergewicht BMI >= 25, Adipositas BMI >= 30). Tritt besonders bei zur Gewichtszunahme disponierten Menschen auf.

Tab. 12.5: Essstörungen nach ICD-10 (Kategorie F50).
* Restliche Kategorien (wie etwa "Erbrechen bei anderen psychischen Störungen", "Andere...." oder "nicht näher bezeichnete Essstörungen" etc.) ☞ ICD-10 F50.5 bis F50.9.
Body **M**ass **I**ndex (BMI): Körpergewicht in kg/(Körpergröße in m)^2.

schen Essstörung auch eine ausgeprägte depressive Symptomatik vom Ausmaß einer depressiven Episode, dann sind beide Diagnosen nebeneinander zu stellen.

Therapie

Die **Therapie** der Wahl bei Vorliegen einer Essstörung ist die Psychotherapie (oft unter Berücksichtigung verhaltenstherapeutischer, familientherapeutischer und tiefenpsychologischer Aspekte). Der schwierigste Schritt ist in der Regel, die betroffenen Patientinnen zur Therapie zu bewegen. Bei extremem Untergewicht mit lebensbedrohlichen Komplikationen muss zeitweise evtl. auch eine parenterale Ernährung erfolgen.

Besteht eine ausgeprägte depressive Symptomatik kann auch eine antidepressive Psychopharmakotherapie indiziert sein. Da als Nebenwirkung einer Medikation allerdings nicht selten eine Appetitsteigerung und Gewichtszunahme auftritt, wird diese von den Betroffenen eher schlecht toleriert.

In einigen Studien konnte in den letzten Jahren auch gezeigt werden, dass Antidepressiva vom SSRI-Typ bei der Bulimie eine positive Wirkung auf die Gesamtsymptomatik haben.

12.4. **Depression bei Borderline-Störungen**

Im ICD-10 werden die "klinisch umgangssprachlich" als "Borderline-Störung" oder "Borderline-

Persönlichkeit" bezeichneten Persönlichkeitsstörungen als "Emotional instabile Persönlichkeitsstörung" bezeichnet (Kriterien ☞ Tab. 12.6).

> Wesentliches Merkmal dieser Störung ist die emotionale Instabilität.

Vielfältige, oftmals rasch wechselnde affektive Symptome prägen das klinische Erscheinungsbild. **Dazu gehört häufig das Auftreten depressiver Verstimmungen**, nicht selten auch verbunden mit Suizidalität, das Gefühl innerer Leere und Sinnlosigkeit, Ängste, Reizbarkeit etc. Das gesamte Spektrum psychopathologischer Symptome kann auftreten, wie etwa Zwangssymptome, selbstschädigendes Verhalten (wie etwa Autoaggressionen), jede Art von Suchtverhalten (z.B. Alkohol- und Drogenkonsum, Bulimie, Spielsucht etc.), Depersonalisations- und Derealisationsphänomene sowie kurze produktiv-psychotische Episoden.

Junge Frauen sind wesentlich häufiger betroffen als Männer. Oft finden sich beim Vorhandensein dieser Störung in der Vorgeschichte Missbrauchserfahrungen.

Wenn im Einzelfall neben den Kriterien einer emotional instabilen Persönlichkeitsstörung die Kriterien einer depressiven Episode erfüllt sind (☞ Kapitel 8.2.), dann wären beide Diagnosen ne-

beneinander zu stellen. Ansonsten wird die depressive Verstimmung als Teil der emotional instabilen Persönlichkeitsstörung gewertet und nicht extra verschlüsselt.

 Therapie

Die Therapie von "Borderline-Patienten" gehört zu den schwierigsten Herausforderungen in der **Psychotherapie**, u.a. wegen der auch in die therapeutische Beziehung hineinreichenden Instabilität und wegen der krankheitsimmanenten Tendenz der Patientinnen "zu agieren". Allgemein anerkannt ist zwischenzeitlich das dialektisch-behaviorale Therapiekonzept von Linehan (1993).

Pharmakotherapeutische Maßnahmen bieten sich bei deutlicher Ausprägung bestimmter Symptome an. So kann bei ausgeprägter depressiver Verstimmung auch eine Antidepressiva-Therapie sinnvoll sein; diese richtet sich dann nach dem im Vordergrund stehenden Symptomkomplex. Auch der Einsatz eines sogenannten "mood stabilizers" (z.B. Carbamazepin) ist manchmal sinnvoll.

12.5. Depression und Sucht

Depressive Symptome und Suchtverhalten sind in mehrfacher Richtung recht häufig assoziiert: Zum einen sind depressive Symptome oftmals die Basis

Emotional instabile Persönlichkeitsstörung (ICD-10)		
F60.3	**Emotional instabile Persönlichkeitsstörung**	Persönlichkeitsstörung mit deutlicher Tendenz, Impulse auszuagieren ohne Berücksichtigung von Konsequenzen, und wechselnder, launenhafter Stimmung. Die Fähigkeit vorauszuplanen ist gering und Ausbrüche intensiven Ärgers können zu oft gewalttätigem und explosiblem Verhalten führen; dieses Verhalten wird leicht ausgelöst, wenn impulsive Handlungen von anderen kritisiert oder behindert werden. Zwei Erscheinungsformen dieser Persönlichkeitsstörung können näher beschrieben werden, bei beiden finden sich Impulsivität und mangelnde Selbstkontrolle.
F60.30	Impulsiver Typus	Wesentliche Charakterzüge sind emotionale Instabilität und mangelnde Impulskontrolle. Ausbrüche von gewalttätigem und bedrohlichem Verhalten sind häufig, vor allem bei Kritik durch andere.
F60.31	Borderline Typus	Einige Kennzeichen emotionaler Instabilität sind vorhanden, zusätzlich sind oft das eigene Selbstbild, Ziele und "innere Präferenzen" (einschließlich der sexuellen) unklar und gestört. Die Neigung zu intensiven, aber unbeständigen Beziehungen kann zu wiederholten emotionalen Krisen führen mit Suiziddrohungen oder selbstschädigendem Verhalten (auch ohne deutliche Auslöser).

Tab. 12.6: Emotional instabile Persönlichkeitsstörung (ICD-10).

für Suchtverhalten, zum anderen eine typische Folge einer langjährigen Suchterkrankung oder auch Symptom der Komplikation einer Suchterkrankung (wie etwa einer Psychose). Sowohl bei unipolaren aber vorwiegend bei bipolaren Formen der Depression ist die Komorbidität mit Substanzmissbrauch (Alkohol, Drogen) sehr hoch, was die Therapie erschwert und die Prognose verschlechtert.

Tabelle 12.7 stellt am Beispiel der Alkoholsucht bzw. des Alkoholmissbrauchs die möglichen Beziehungen zwischen depressiver Verstimmung und übermäßigem Substanzkonsum dar. Solche Beziehungen ergeben sich zwischen allen möglichen Formen der Abhängigkeit, sowohl der substanzgebundenen Abhängigkeiten (Alkohol, Drogen: ICD-10 F10 bis F19) als auch bei nicht substanzgebundener Sucht (wie etwa Spielsucht).

Verstärkter Alkoholkonsum kommt bei einer depressiven Grunderkrankung oft zu Beginn der Störung und vor Erkennen als depressive Erkrankung im Sinne eines "Selbst-Therapieversuches" vor. Alkohol hat bei den meisten Menschen eine euphorisierende und entspannende Wirkung und führt so zu einer vorübergehenden Entlastung von den depressiven Gedanken, er wirkt in niedrigen Mengen schlaffördernd und hilft den Betroffenen, vorübergehend "abzuschalten". Um diese Wirkung zu erzielen, werden immer größere Mengen Alkohol erforderlich, und so kommt es zum Missbrauch oder sogar zur Entwicklung einer Abhängigkeit ("Sekundärer Alkoholismus"). Eine ent-

sprechende Anamneseerhebung und zeitliche Einordnung des Auftretens von Symptomen und ggf. auch eine Fremdanamnese hilft bei der Differentialdiagnose zwischen primärem und sekundärem Alkoholmissbrauch.

 Therapie

Die Therapie richtet sich immer nach der zugrundeliegenden Erkrankung: Beim Vorliegen einer depressiven Grunderkrankung erfolgt eine antidepressive Therapie (medikamentös, psychotherapeutisch), während bei einer zugrundeliegenden Alkohol- bzw. Suchtproblematik und daraus folgenden depressiven Symptomen die Therapie immer den Richtlinien der Suchttherapie folgt (Entgiftung und anschließende Entwöhnungsbehandlung).

Assoziation Sucht und Depression am Beispiel der Alkoholsucht	
Depression als primäres Symptom der Alkoholsucht	Depressive Symptome sind vor Beginn des süchtigen Alkoholkonsums vorhanden und begleiten den zunehmenden Alkoholkonsum.
Depression als sekundäres Symptom der Alkoholsucht	Nach länger bestehender Sucht und unter der Wirkung der auftretenden Suchtfolgen (familiäre, soziale, berufliche Probleme etc.) kommt es zur Entwicklung depressiver Symptome (incl. Schuldgefühle etc.) bis hin zur Suizidalität.
Vorkommen von depressiven Symptomen im Rahmen einer Alkoholpsychose	Wahnhafte depressive Symptome treten im Rahmen einer Alkoholpsychose auf (nicht im Rahmen eines Entzugssyndroms).
Sekundärer Alkoholismus (als Folge einer depressiven Erkrankung)	Der Alkoholkonsum ist als Teil einer "Selbstbehandlung" der depressiven Symptome (z.B. im Rahmen einer depressiven Episode) zu sehen. Durch die euphorisierende Alkoholwirkung tritt eine vorübergehende Erleichterung der depressivem Verstimmung auf.

Tab. 12.7 : Assoziation Sucht und Depression am Beispiel der Alkoholsucht.

13. Depression und körperliches Befinden

Bei einem depressiven Syndrom sind fast immer auch körperliche Symptome vorhanden sein, wie etwa Adynamie, Schlafstörungen, Appetitstörungen etc. Allerdings gibt es auch eine Reihe von depressiven Störungen, bei denen eine Veränderung des körperlichen Befindens im Vordergrund steht (wie etwa bei der somatisierten Depression). Darüber hinaus treten auch Störungsbilder auf, die Überschneidungen zur Depression zeigen (z.B. die Somatisierungsstörung, depressive Verstimmung bei Schmerzzuständen etc.). Die betreffenden Störungsbilder werden im folgenden Kapitel dargestellt.

13.1. Larvierte Depression/Somatisierte Depression

> Bei einer "larvierten" oder auch "somatisierten" Depression stehen körperliche Beschwerden im Vordergrund der Symptomatik, während die depressive Verstimmung im Hintergrund steht oder gar nicht fassbar ist. Nach Ausschluss einer körperlichen Ursache für die Beschwerden und Exploration der Symptomatik erfolgt eine antidepressive Therapie nach den üblichen Richtlinien einer Thymolepsie.

Von einer "larvierten" oder auch "somatisierten" Depression spricht man dann, wenn bei einem depressiven Syndrom die **somatischen Symptome im Vordergrund** stehen, oft sogar ohne vom Betroffenen wahrgenommene "Depression". Die Betroffenen bringen selbst die Beschwerden nicht selten in Zusammenhang mit Ereignissen oder auch anderen somatischen Erkrankungen ("...seit ich diese Entzündung hatte, kann ich nicht mehr schlafen..."), dennoch zeigt doch die genaue Anamnese meist weitere depressive Symptome (Konzentrationsstörungen, Grübeln, Verlust der Vitalgefühle etc.). Es kommt auch vor, dass Betroffene die wahrgenommene depressive Verstimmung als Folge der somatischen Beschwerden und der Schlaflosigkeit deuten und erst zum Psychiater kommen, wenn alle somatischen Diagnosemöglichkeiten ausgeschöpft sind.

Der Verlauf entspricht dem einer anderen depressiven Episode. Larvierte Depressionen können als einzelne prägnante Episode vorkommen. Sie können aber auch in der Form einer coenästhetischen, einer hypochondrischen oder einer vitalen Depression auftreten (☞ auch Kap. 8.4). Und schließlich kann eine larvierte Depression sich im späteren Krankheitsverlauf einer affektiven Störung manifestieren.

Therapie

Die Therapie richtet sich nach den üblichen Regeln einer antidepressiven Therapie; bei der Wahl des Antidepressivums werden die im Vordergrund stehenden Symptome berücksichtigt (z.B. Gabe eines eher schlafanstoßenden Präparates bei Schlafstörungen etc.). Wichtig ist in diesem Zusammenhang auch, dass mit dem betroffenen Patienten und evtl. auch seiner Familie ein entsprechendes Krankheitsmodell erarbeitet wird.

13.2. Erschöpfungsdepression

Der Begriff "Erschöpfungsdepression" wird in der klinischen Praxis oftmals verwendet, wenn eine **depressive Episode nach einer langdauernden Belastung psychischer und/oder körperlicher Art** auftritt. Das könnte beispielsweise die langdauernde Pflege eines nahen Angehörigen durch eine Hausfrau und Familienmutter sein, die jahrelang "gut funktioniert" hat und dann einige Wochen nach dem Tod des zu Pflegenden depressiv wird. Zunächst wird das ganze meist als Trauerreaktion und Folge körperlicher Erschöpfung gewertet, bei genauerer Exploration zeigt sich dann aber doch sehr rasch das Vollbild einer depressiven Episode mit allen typischen Symptomen und dann auch der übliche Verlauf einer solchen Depression.

Die diagnostische Einordnung nach ICD-10 erfolgt in eine der Kategorien von F32 (falls schon vorher depressive Episoden bestanden ggf. auch in F33).

Therapie

Die Therapie richtet sich nach den üblichen Richtlinien der Antidepressiva-Therapie. Gerade bei einer Vorgeschichte mit langandauernden psychischen und körperlichen Belastungen kann auch die Kombination mit einer Psychotherapie sinnvoll sein, um aufgetretene Ambivalenzen, Schuldgefühle etc. zu besprechen und neue Lebensper-spektiven zu erarbeiten.

13.3. Depression bei Erkrankungen des ZNS

Erkrankungen, die primär das Zentralnervensystem betreffen (wie etwa Durchblutungsstörungen, Tumoren, Multiple Sklerose, Morbus Parkinson, Demenzerkrankungen etc.) gehen meist mit einer Vielzahl psychischer Begleitsymptome einher. Auch affektive Symptome kommen vor, und zwar einmal als primäre Krankheitssymptome, wie sie im Kapitel "Organische Depression" beschrieben sind, aber auch als sekundäre Folgesymptome auf die Erkrankung und ihre Folgen. Dieser Aspekt ist vergleichbar dem Auftreten von Depressionen bei allgemeinen körperlichen Erkrankungen (☞ nächster Abschnitt).

13.4. Depression bei allgemeinen körperlichen Erkrankungen

Zunächst muss differenziert werden, ob die aufgetretene depressive Symptomatik direkt kausal mit der somatischen Erkrankung zu tun hat (im Sinne einer **organischen Depression**). Weiterhin muss geprüft werden, ob die eingesetzten Medikamente evtl. verantwortlich sind (im Sinne einer **substanzinduzierten Depression**).

Depressive Reaktionen (im Sinne einer psychogenen Verursachung) kommen sowohl bei akuten körperlichen Erkrankungen vor (wie etwa nach Diagnosestellung bei einer onkologischen Erkrankung) als auch bei chronischen körperlichen Erkrankungen, Zuständen nach Unfällen oder Operationen, die mit einer dauernden Behinderung einhergehen (z.B. Rheuma, Niereninsuffizienz, Querschnittslähmung, Hysterektomie und damit Verlust der Reproduktionsfähigkeit etc.).

Das Auftreten depressiver Symptome in solchen Situationen ist erst einmal als normale menschliche Reaktion auf eine belastende Situation und auf die Notwendigkeit der Adaptation des Lebens an diese neue Situation zu werten.

Kommt es zu ausgeprägten und langandauernden Reaktionen, dann ist diagnostisch das **gesamte Spektrum von Anpassungsstörungen** zu erwägen (wie etwa eine akute Belastungsreaktion, eine depressive Reaktion, eine posttraumatische Bela-stungsstörung etc.). Eine genaue Beschreibung dieser Zustände ist in Kapitel 11. erfolgt.

Im Einzelfall - besonders bei bereits vorher bestehender Vulnerabilität oder sogar Vorerkrankung - kommt es auch zur **Manifestation bzw. Erstmanifestation einer typischen depressiven Episode**, die dann zu einer rezidivierenden affektiven Erkrankung zu rechnen ist. Die körperliche Erkrankung ist in einem solchen Fall nicht als Ursache im engeren Sinne zu sehen, sondern allenfalls als Auslöser zu betrachten, und zwar im Sinne eines "life events", also eines belastenden Lebensereignisses, wie es im Vorfeld depressiver Episoden nicht selten auftritt.

Depressive Zustände nach bzw. während körperlichen Erkrankungen werden in der somatischen Medizin insgesamt viel zu wenig berücksichtigt und viel zu selten in die Therapie einbezogen. Während die Erhebung des somatischen Befundes in der psychiatrischen Diagnostik grundsätzlich dazugehört und immer differentialdiagnostisch mit berücksichtigt wird, um eine organisch bedingte psychische Erkrankung auszuschließen, ist dies in der somatischen Medizin noch nicht selbstverständlich. So werden auch psychiatrische Differentialdiagnosen (wie etwa Somatisierungsstörung, larvierte Depression etc.) oftmals erst am Ende einer langen diagnostischen Kette mit vielen Apparateuntersuchungen ohne pathologischen Befund angestellt, obwohl eine fachpsychiatrische Untersuchung vielleicht schon frühzeitig hilfreich gewesen wäre und der Patient dann viel weniger auf ein somatisches Krankheitsmodell festgelegt wäre.

Eine **Vielzahl von Faktoren beeinflusst die weitere Verarbeitung einer körperlichen Erkrankung** und trägt dazu bei, ob als Begleiterkrankung eine depressive Störung auftritt oder nicht und wenn ja, in welchem Ausmaß (☞ Tab. 13.1). Im ärztlichen Gespräch sollte immer auf die individuelle Problemkonstellation eingegangen werden.

> **Cave:** Viele Medikamente, die zur Therapie somatischer Erkrankungen eingesetzt werden, können Depressionen verursachen (☞ auch Kapitel 8.4.17.).

Faktoren, die das Auftreten depressiver Verstimmungen bei körperlichen Erkrankungen beeinflussen können	
Psychische Stabilität insgesamt	Evtl. Vorgeschichte mit psychischer/depressiver Störung; Neigung zu Belastungsreaktionen/psychischer Dekompensation/Alkoholkonsum
Persönlichkeit/ Individuelle Bewältigungsmechanismen	Fähigkeit, sich auf die neue Situation einzustellen; aktive vs. passive Bewältigungsmechanismen; optimistische vs. pessimistische Grundhaltung; Verleugnung/Verdrängung vs. aktive Auseinandersetzung etc.
Biographische Aspekte	Notwendigkeit, die Lebensplanung zu ändern (z.B. berufliche Neuorientierung, plötzliche Erwerbsunfähigkeit, Einstellung auf Kinderlosigkeit etc.); Infragestellen der partnerschaftlichen/familiären Perspektive (z.B. bei AIDS)
Sozialer Support	Unterstützung durch Familienangehörige, Freunde, soziale Umgebung; eigene Fähigkeit, Unterstützung und Anteilnahme anzunehmen
Professionelle Unterstützung	Verfügbarkeit psychologischer/psychotherapeutischer Unterstützung bereits in der Akutsituation der Erkrankung und nicht erst in der Reha-Behandlung
Prognose der Erkrankung	Auseinandersetzung mit potentiell todbringender Erkrankung, evtl. wenige Monate bis Jahre Überlebenszeit (bestimmte Krebserkrankungen); Wissen um schleichende Verschlechterung (z.B. ALS, Chorea Huntington); Erwartung zunehmender Behinderung;
Behandlungsmöglichkeiten	Verfügbarkeit von Behandlungsmöglichkeiten (z.B. Möglichkeit der operativen Behandlung, Organtransplantation, medikamentöse Therapie mit Aussicht auf Erfolg)
Traumatisierung durch Behandlung	Belastungen der Behandlung (z.B. Zeit auf der Intensivstation, wiederholte diagnostische und operative Eingriffe, Schmerzen, Nebenwirkungen der Therapie); plötzliche gravierende Veränderung der Lebensqualität
Beteiligung des ZNS	z.B. zerebrale Metastasen bei onkologischen Erkrankungen, AIDS-Encephalopathie, hepatische, renale Encephalopathie, Mikroangiopathien bei Diabetes etc. (☞ auch Kapitel 8.4.16. "Organische Depression")
Nebenwirkung von Medikamenten	z.B. Auftreten substanzinduzierter depressiver und körperlicher Symptome (Antibiotika, Cortison, Interferon, Chemotherapeutika, etc.) (☞ auch Kapitel 8.4.17. "Substanzinduzierte Störungen")

Tab. 13.1: Faktoren, die das Auftreten depressiver Verstimmungen bei körperlichen Erkrankungen beeinflussen können.

Therapie

Die Therapie und auch die Prophylaxe bezüglich der Entwicklung depressiver Störungen bei körperlichen Erkrankungen liegen in erster Linie bei den behandelnden Ärzten aus der somatischen Fachrichtung.

Es sollte aktiv das Gespräch mit dem Patienten über seine individuellen psychischen Probleme und Ängste gesucht werden. Oftmals ist es auch hilfreich, dem Patienten aktiv ein Gesprächsthema anzubieten, das er von sich aus nicht anzusprechen wagt (z.B. Todesängste, Angst vor Behinderungen etc.; "Ich könnte mir vorstellen, dass...." oder "viele Patienten in ihrer Situation machen sich Sorgen wegen....").

Auch die Einbeziehung von Familienangehörigen ist von enormer Wichtigkeit, um einen gleichen Informationsstand herzustellen und einer sonst sehr schnell entstehenden Sprachlosigkeit zwischen den Beteiligten vorzubeugen (aus der Unsicherheit, was der andere weiß, aus dem Bedürfnis, ihn schützen, werden bestimmte Dinge nicht angesprochen).

Gerade der offene Austausch mit Angehörigen ist bei einer schlechten Prognose sehr relevant, um die Auseinandersetzung mit dem bevorstehenden Verlauf der Erkrankung, vielleicht sogar dem Tod und allen damit zusammenhängenden Entscheidungen etc. möglich zu machen.

Besteht die Möglichkeit der psychologischen / psychotherapeutischen / psychosomatischen Intervention, sollte diese möglichst frühzeitig erfolgen, um die Entwicklung einer depressiven Symptomatik zu verhindern oder auch eine Chronifizierung zu vermeiden.

Nur in seltenen und schweren Fällen ist eine medikamentöse Therapie mit Antidepressiva erforderlich; Tranquilizer sollten - außer in Akutsituationen oder bei infauster Prognose - möglichst nicht eingesetzt werden.

13.5. Depression bei chronischem Schmerzsyndrom

Chronische Schmerzsyndrome gehören zu den körperlichen Erkrankungen, die nicht selten mit depressiven Symptomen einhergehen. Häufig entwickeln sich die depressiven Symptome noch nicht zu Beginn der Erkrankung (also nicht als Folge der Akuterkrankung als solcher), sondern durch die andauernde Schmerzsymptomatik, sozusagen als Folge der "andauernden Zermürbung" und der aussichtslosen Perspektive, wenn bereits alle therapeutischen Maßnahmen versucht wurden. Beispiele hierfür könnten z.B. sogenannte Phantomschmerzen nach Amputation eines Körpergliedes sein oder auch ein chronisches Schmerzsyndrom nach einer Bandscheiben-Operation.

In der Regel werden depressive Zustände bei chronischen Schmerzzuständen als Bestandteil eines sogenannten "**algogenen Psychosyndroms**" gewertet. Ein algogenes Psychosyndrom ist außer von depressiven Symptomen auch durch Reizbarkeit, Affektlabilität, Agitiertheit, Unruhe, impulsive Reaktionen und Handlungen sowie sozialen Rückzug gekennzeichnet.

Wichtig - auch für die Therapieplanung - ist die **Abgrenzung von einer "somatoformen Schmerzstörung"** (☞ unten, ICD-10 F45.4), bei der das Ausmaß der Schmerzen nicht bzw. nicht ausreichend durch eine körperliche Störung erklärt wird. Gerade bei dieser Kategorie ist der Zusammenhang mit emotionalen Faktoren und Belastungen

zu explorieren sowie der oftmals nicht unerhebliche sekundäre Krankheitsgewinn.

 Therapie

Ein Therapieversuch mit Antidepressiva sollte bei depressiver Verstimmung im Rahmen eines chronischen Schmerzsyndroms immer gemacht werden, da **Antidepressiva** vom Trizyklika-Typ (besonders Amitriptylin und Imipramin) auch eine eigene schmerztherapeutische Wirkung haben. Zwischenzeitlich gibt es Hinweise darauf, dass dies auch für Antidepressiva der neueren Generation zutreffen könnte.

Auch **psychotherapeutische**, insbesondere verhaltenstherapeutische Maßnahmen können hilfreich sein. Ziel ist dabei weniger die Beseitigung der Schmerzen als viel mehr das Erkennen von Einflussfaktoren (z.B. durch Führung eines Schmerztagebuches) und die Erarbeitung von Möglichkeiten der Einflussnahme durch den Betroffenen. Eine insgesamt bessere Bewältigung der bestehenden Schmerzsymptomatik ist dabei Ziel der Therapie.

13.6. Depression als Nebenwirkung von Medikamenten

Depressive Verstimmung oder auch andere Symptome aus dem depressiven Symptomspektrum treten als Nebenwirkung bei einer Vielzahl von Medikamenten auf. Ein ausführlicher Überblick über dieses Thema ist in Kapitel 8.4.17. gegeben.

13.7. Somatoforme Störung

Körperliche Beschwerden, wie etwa chronische Schmerzen, ohne entsprechendes organisches Korrelat sind oftmals Symptom einer Somatoformen Störung. Die Therapie ist schwierig, da die betroffenen Patienten in der Regel große Schwierigkeiten haben, sich auf ein Krankheitsmodell mit teilweiser oder vollständiger psychischer Verursachung der Beschwerden einzulassen.

Chronische körperliche Beschwerden und Schmerzen ohne ausreichend organische Ursache sind eines der diagnostisch und therapeutisch schwierigsten Probleme im Bereich zwischen Psychiatrie und somatischer Medizin:

- einerseits weil die betroffenen Patienten oftmals eine lange Vorgeschichte somatischer Erkrankungen und Operationen hinter sich haben und deshalb die Differentialdiagnose "organisch/psychogen" erschwert ist

- andererseits, weil die betroffenen Patienten in der Regel große Schwierigkeiten haben, sich auf ein Krankheitsmodell mit nicht-organischer bzw. nicht allein organischer Ursache einzulassen

Als Beispiele hierfür können chronische Unterbauchbeschwerden (bes. bei Frauen ein häufiges Problem in der gynäkologischen Praxis) oder auch die sogenannten psychogenen Kopfschmerzen genannt werden.

Bei chronischen körperlichen Beschwerden müssen zunächst die verschiedenen somatischen Ursachen ausgeschlossen werden, z.B. durch internistische, gynäkologische, urologische, chirurgische, orthopädische oder neurologische Untersuchung.

Begleitende depressive Verstimmung oder auch andere Symptome, die einer depressiven Symptomkonstellation zugerechnet werden können (z.B. Schlafstörungen, Grübeln etc.), sind häufig, weshalb das Vorliegen eines depressiven Syndroms bzw. einer depressiven Episode immer eine wichtige Differentialdiagnose darstellt.

Ist eine organische Ursache für die bestehende Symptomatik oder auch nur für das Ausmaß der Symptomatik durch entsprechende diagnostische Maßnahmen ausgeschlossen, dann ist aus psychiatrischer Sicht die Abklärung verschiedener differentialdiagnostischer Kategorien erforderlich; neben der larvierten bzw. somatisierten Depression (☞ Kapitel 13.1.) in erster Linie das Vorliegen einer Somatisierungsstörung. Tabelle 13.2 gibt einen Überblick über die verschiedenen Formen einer Somatoformen Störung nach ICD-10.

Wegen der therapeutischen Schwierigkeiten ist der Verlauf dieser Störungsbilder oftmals chronisch. Besonders wenn die Patienten durch hartnäckige Beschwerdeschilderungen und wiederholte Arztbesuche immer wieder diagnostische Maßnahmen erzwingen, führt das Auffinden - oftmals minimaler - organischer Abweichungen (z.B. "Verwachsungen") zu einer weiteren Fixierung der Störung. Entstehen durch Krankschreibung längere berufliche Ausfallzeiten, stellt sich irgendwann auch die Frage der vorübergehenden oder

dauerhaften Berentung. Auch durch eine solche Fokussierung ("Rentenbegehren") kann die Chronifizierung und pathologische Fixierung weiter verstärkt werden.

 Therapie

Eine besondere Herausforderung bei dieser Patientengruppe ist die Erarbeitung einer Einsicht in eine mögliche psychogene Verursachung und die **Veränderung des subjektiven Krankheitsmodells**, das von einer alleinigen organischen Verursachung ausgeht. Hilfreich sein kann dabei die Führung eines **Schmerztagebuches** mit der Erfassung verschiedener möglicher Einflussfaktoren, wie etwa Stress, familiäre und partnerschaftliche Aspekte, Sexualität etc. Am ehesten ist bei Vorliegen einer somatoformen Störung eine **Psychotherapie** indiziert, allerdings ist eine entsprechende Bereitschaft der Patienten, sich darauf einzulassen, oftmals nicht von Dauer. Auch ein **Therapieversuch mit Antidepressiva** oder auch mit Sulpirid in antidepressiver Dosierung (bis 400 mg) ist sinnvoll. Handelt es sich bereits um eine chronifizierte Problematik und steht möglicherweise sogar die Frage der Berentung an, werden die therapeutischen Interventionsmöglichkeiten weiter erschwert.

13.8. Chronisches Fatigue-Syndrom, Fibromyalgie, Multiple chemische Sensitivität

Beim **chronischen Fatigue-Syndrom** (CFS) handelt es sich um eine Symptomkonstellation mit überwiegend körperlichen Symptomen, deren nosologische Einordnung bisher noch nicht endgültig geklärt ist. Es bestehen Gemeinsamkeiten mit dem "Fibromyalgie-Syndrom" und der Umweltkrankheit "Multiple chemische Sensitivität".

Die **Fibromyalgie** (auch als "Weichteilrheumatismus", "Myalgie" bezeichnet), ist ein chronisches Schmerzsyndrom mit diffuser muskulo-skelettaler Schmerzhaftigkeit, Morgensteifigkeit, Müdigkeit, Schlafstörungen und begleitenden affektiven Symptomen.

Die **Multiple chemische Sensitivität** ist als Störungsbild - insbesondere in der Schulmedizin - noch sehr umstritten, einheitliche Definitionen und Kriterien existieren noch nicht. Es wird bei

Somatoforme Störungen nach ICD-10 (Kategorie F45)*		
F 45	Somatoforme Störungen	Wiederholte Darbietung körperlicher Symptome in Verbindung mit hartnäckigen Forderungen nach medizinischen Untersuchungen trotz wiederholter negativer Ergebnisse. Wenn somatische Störungen vorhanden sind, erklären sie nicht Art und Ausmaß der Symptome, des Leidens und der inneren Beteiligung des Patienten.
F 45.0	Somatisierungsstörung	Mindestens 2 Jahre anhaltende multiple und unterschiedliche körperliche Symptome ohne ausreichend somatische Erklärung mit resultierender Beeinträchtigung bei familiären und sozialen Funktionen, oft auch Angst und Depression. Weigerung, Fehlen der organischen Ursache zu akzeptieren. Ziel der Patienten: Beseitigung der Beschwerden.
F 45.1	Undifferenzierte Somatisierungsstörung	Zahlreiche hartnäckige körperliche Beschwerden; das Vollbild einer Somatisierungsstörung ist noch nicht erfüllt.
F 45.2	Hypochondrische Störung	Aufmerksamkeit ist neben Beschwerden besonders auf Vermutung eines zugrundeliegenden und fortschreitenden Krankheitsprozesses gerichtet. Ziel der Patienten: Bestätigung dieser Diagnose. Depression und Angst finden sich häufig und können zusätzliche Diagnosen rechtfertigen.
F 45.3	Somatoforme autonome Funktionsstörung	Körperliche Symptome, die auf Beteiligung eines vegetativ innervierten Organs hinwiesen, meist aus dem gastrointestinalen, respiratorischen oder urogenitalen System. Zusätzlich vegetative Symptome (wie etwa Herzklopfen, Schwitzen etc. als Angstkorrelat) sowie unspezifische, wechselnde körperliche Beschwerden.
F45.4	Anhaltende - somatoforme Schmerzstörung	Andauernder, schwerer, quälender Schmerz, der durch einen physiologischen Prozess oder eine körperliche Störung nicht vollständig erklärt werden kann. Tritt in Verbindung mit emotionalen Konflikten oder psychosozialen Belastungen auf. Hauptfokus der Aufmerksamkeit des Patienten; gefolgt oft von intensiver Hilfe und Unterstützung durch andere.

Tab. 13.2: Überblick über die verschiedenen Formen einer Somatoformen Störung nach ICD-10 (Kategorie F45). * ohne die Kategorien F45.8 (sonstige...) und F45.9 (nicht näher bezeichnete somatoforme Störung).

dem Konzept davon ausgegangen, dass als Reaktion auf Umweltgifte und Reizstoffe ZNS-Symptome (z.B. Kopfschmerzen, Müdigkeit, Schwäche, Schlafstörungen, Konzentrations- und Merkfähigkeitsstörungen, Schwindel etc.), "Reiz-Symptome" (Reizung der Schleimhäute, Husten etc.) und gastrointestinale Symptome (Völlegefühl, Blähungen, Durchfälle, Bauchschmerzen etc.) auftreten.

Organpathologische Ursachen des Fatigue-Syndromes konnten bisher ebenso wie für die beiden anderen Syndrome nicht nachgewiesen werden; zur Zeit wird die Zugehörigkeit zu den somatoformen Störungen diskutiert.

Eine **differentialdiagnostische Abgrenzung zwischen depressivem Syndrom und chronischem Fatigue-Syndrom** ist unter anderem deshalb erforderlich, weil beim Fatigue-Syndrom neben einer depressiven Verstimmung (etwa 50 % beim CFS) eine Reihe von Symptomen vorhanden sind, die typischerweise auch zum depressiven Symptomkomplex gehören (Müdigkeit, Schwäche, Schlafstörungen, Reizbarkeit etc.).

Von der "International Chronic Fatigue Syndrome Study Group" wurden 1994 Forschungskriterien vorschlagen, die in Tabelle 13.3 dargestellt sind.

Diagnosekriterien des Chronischen Fatigue-Syndroms*
Hauptkriterien

• Persistierende Müdigkeit oder leichte Ermüdbarkeit
  - mindestens 6 Monate andauernd
  - neu aufgetreten
  - nicht durch eine andere Erkrankung erklärbar
  - nicht Folge einer chronischen Belastungssituation
  - durch Bettruhe nicht deutlich zu beheben
  - deutliche Reduktion der Leistungsfähigkeit

Nebenkriterien

• Mindestens 4 Nebenkriterien müssen vorhanden sein
  - Halsschmerzen
  - Schmerzhafte zervikale oder axilläre Lymphknoten
  - Muskelschmerzen
  - Arthralgien
  - Neu aufgetretene Kopfschmerzen
  - Konzentrations- und Gedächtnisstörungen
  - Fehlende Erholung durch den Schlaf
  - Verlängerte, mehr als 24 Stunden dauernde Müdigkeit nach früher tolerierten Beanspruchungen

Tab. 13.3: Diagnosekriterien des Chronischen Fatigue-Syndroms.
*Fukuda, Straus, Hickie, Sharpe, Dobbins, Komaroff and the International Chronic Fatigue Syndrome Study Group, zitiert nach Csef (2000).

Auch bei der **Fibromyalgie**, bei der Muskelschmerzen im Vordergrund stehen, sind häufig Müdigkeit, Schlafstörungen und in etwa 1/3 der Fälle depressive Verstimmungen vorhanden. Bei etwa 10-20 % aller Patienten in rheumatologischen Kliniken wird zwischenzeitlich diese Diagnose gestellt. Auch für diesen Symptomkomplex gilt die Notwendigkeit der differentialdiagnostischen Abgrenzung zum depressiven Syndrom - ebenso wie für die "**Multiple chemische Sensitivität**" (verschiedenartige körperliche Symptome als "Reaktion auf Umweltgifte", depressive Symptome in etwa 2/3 der Fälle), die allerdings von der

Schulmedizin noch nicht als eigenständiges Krankheitsbild anerkannt ist.

Im **ICD-10** gibt es bisher keine eigenständigen Diagnosekriterien für das chronische Fatigue-Syndrom oder die beiden anderen Syndrome. Eine Einordnung erfolgt hier unter der "F48.0 Neurasthenie", deren Kriterien mit den Merkmalen des CFS weitgehend übereinstimmen (☞ Tab. 13.4), oder einer der anderen Kategorien der somatoformen Störung. Der Ausschluss einer depressiven Episode, einer Störung aus dem Bereich der organischen Erkrankungen (z.B. eines organischen Psychosyndroms, ICD-10-Kategorie F06) oder auch einer Angststörung (F41) ist erforderlich, bevor eine diagnostische Zuordnung zur Neurasthenie (F48.0), als hypochondrische Störung (F45.2) oder zu den anderen Somatoformen Störungen der Kategorie F45 erfolgt.

Neurasthenie (nach ICD-10, F48.0)
Anhaltendes und quälendes Erschöpfungsgefühl nach geringer geistiger Anstrengung *oder* Anhaltende und quälende Müdigkeit und Schwäche nach nur geringer körperlicher Anstrengung

• Mindestens eines der folgenden Symptome:
  - Akute oder chronische Muskelschmerzen
  - Benommenheit
  - Spannungskopfschmerz
  - Schlafstörung
  - Unfähigkeit zu entspannen
  - Reizbarkeit
• Die Betroffenen sind nicht in der Lage, sich innerhalb eines normalen Zeitraums von Ruhe, Entspannung oder Ablenkung zu erholen
• Dauer der Störung: mindestens 3 Monate

Tab. 13.4: Neurasthenie (nach ICD-10, F48.0).

 Therapie

Stellt sich beim chronischen Fatigue-Syndrom, bei der Fibromyalgie oder der Multiplen chemischen Sensitivität die Indikation zur Psychotherapie, dann sollte am ehesten die Verhaltenstherapie eingesetzt werden. Allerdings stellt sich bei dieser Störungsgruppe ebenso wie bei den somatoformen

Störungen das Problem, dass die Betroffenen sehr stark auf ihr organisches Krankheitsmodell fixiert sind und den Bemühungen von psychosomatisch/psychotherapeutisch orientierten Ärzten gegenüber sehr zurückhaltend sind.

14. Spezielle Formen der Depression bei Frauen

An der Tatsache, dass Frauen insgesamt etwa 2 mal häufiger als Männer von Depressionen betroffen sind, hat wahrscheinlich auch einen Anteil, dass Frauen in bestimmten Lebenssituationen hormonellen Veränderungen unterworfen sind, die zu affektiven Veränderungen und im Einzelfall auch affektiven Störungen prädestinieren. Zu nennen sind hier der Menstruationszyklus, Schwangerschaft und Wochenbett sowie die Zeit nach der Menopause, das Klimakterium.

14.1. Prämenstruelles Syndrom

> Die Mehrzahl aller menstruierenden Frauen nimmt in der Lutealphase (2. Hälfte des Menstruationszyklus) psychische und/oder somatische Symptome wahr. Ein behandlungsbedürftiges Prämenstruelles Syndrom ist dagegen viel seltener (20-50 % je nach Kriterien). Eine Prämenstruelle Dysphorische Störung, die zu einem ausgeprägten Leidensdruck führt und mit SSRI gut behandelbar ist, findet sich bei max. 5 % aller Frauen.

Etwa 75 % aller Frauen im reproduktionsfähigen Alter nehmen in der zweiten Zyklushälfte (Lutealphase) und besonders in den Tagen vor Beginn der Menstruation körperliche und/oder psychische Veränderungen wahr. Seit den 30er Jahren gibt es eine rege Forschungstätigkeit auf diesem Gebiet, allerdings mit dem methodischen Problem, dass die verwandten Definitionen für ein "prämenstruelles Syndrom" ebenso unterschiedlich waren wie die angewandten Erfassungsinstrumente. Die ermittelte **Häufigkeit des Prämenstruellen Syndroms schwankt zwischen 20 und 50 %.** Nach wie vor besteht Uneinigkeit darüber, ob ein Prämenstruelles Syndrom eine behandlungsbedürftige psychiatrische Krankheitseinheit darstellt, entsprechend gibt es keine Definition im F-Teil des ICD-10. 1987 wurde allerdings im DSM-III-R eine neue Kategorie eingeführt, und zwar im Anhang für Störungen, "die weiterer Forschung bedürfen". **Im aktuellen DSM-IV wird diese Störung als Prämenstruelle Dysphorische Störung (PMDS) bezeichnet.** Bei Anwendung der entsprechend eng definierten Kriterien (☞ Tab. 14.1) ergibt sich eine

Häufigkeit der PMDS bei etwa 2 bis 5 % aller Frauen.

Das **ICD-10** bietet nur unzureichende Möglichkeiten, eine prämenstruelle Symptomatik zu verschlüsseln. Die Kategorie F38.10 (rezidivierende kurze depressive Störung) kann nur verwendet werden, wenn die kurzen depressiven Episoden nicht ausschließlich an den Menstruationszyklus gebunden sind. Vorgeschlagen wird die Einordnung in

* F38.8 (Sonstige näher bezeichnete affektive Störungen) +
* N94.3 (Sonstige näher bezeichnete Zustände in Zusammenhang mit den weiblichen Genitalorganen und dem Menstruationszyklus)

Allerdings sollen auch dabei die symptomatischen Kriterien einer depressiven Episode erfüllt sein (abgesehen von der Dauer), was für den hinsichtlich der Häufigkeit wichtigeren "dysphorischen" Typ prämenstrueller Symptomatik mit im Vordergrund stehender Reizbarkeit und Anspannung nicht immer zutrifft.

Die im Menstruationszyklus auftretenden hormonellen Veränderungen mit zyklischen Schwankungen der gonadalen Steroide (z.B. Östradiol und Progesteron) stellen wahrscheinlich nur einen Faktor einer **multifaktoriellen Genese** bei einem ausgeprägten Prämenstruellen Syndrom bzw. einer Prämenstruellen Dysphorischen Störung dar. Weitere möglicherweise beteiligte Faktoren sind neben einer familiären Belastung mit affektiven Störungen, einer eigenen Vorgeschichte mit affektiven oder Angststörungen bzw. einer postpartalen Depression z.B. die Persönlichkeit, die aktuelle psychosoziale Situation, Stress und Lebens- bzw. Ernährungsstil. Zumindest für die schwerer ausgeprägte Symptomatik ergeben sich Hinweise darauf, dass auch verschiedene andere biologische Aspekte von Bedeutung sind, wie etwa das Serotonin-System, das GABA-System und evtl. auch zentrale Opioid-Aktivitäten.

Häufigste Symptome eines prämenstruellen Syndroms	
1.	**Depressive Verstimmung, Hoffnungslosigkeit, Insuffizienzgefühle**
2.	**Ängstlichkeit/Anspannung**
3.	**Affektlabilität**
4.	**Reizbarkeit/Wut, als Folge vermehrte zwischenmenschliche Konflikte**
5.	Interesselosigkeit für übliche Aktivitäten
6.	Konzentrationsschwierigkeiten
7.	Appetitveränderungen (z.B. Heißhungerattacken mit Kohlehydrat-Craving)
8.	Schlafstörungen (Hypersomnie, Insomnie)
9.	Gefühl des drohenden Kontrollverlustes
10.	Körperliche Symptome (z.B. Brust-, Kopf-, Gelenk-/Muskelschmerzen, Gefühl des Aufgedunsenseins, Gewichtszunahme etc.)

Kriterien einer Prämenstruellen Dysphorischen Störung (nach DSM-IV)
• Während der meisten Menstruationszyklen des vergangenen Jahres bestanden mindestens 5 der oben genannten Symptome über die meiste Zeit während der letzten Woche vor Beginn der Menstruation mit Rückbildung innerhalb weniger Tage nach ihrem Einsetzen. **Mindestens eines der Symptome (1), (2), (3), oder (4) war vorhanden**
• Deutliche Beeinflussung beruflicher Leistungen und sozialer bzw. familiärer Beziehungen (z.B. durch Konflikte als Folge der Reizbarkeit)
• Die Symptome sind nicht nur Ausdruck der Exazerbation einer anderen Störung, z.B. einer depressiven Störung, einer Angststörung, einer Dysthymie oder einer Persönlichkeitsstörung
• Die Störung wird durch eine prospektive, tägliche Selbstbeobachtung über mindestens zwei Zyklen bestätigt

Tab. 14.1: Häufigste Symptome eines Prämenstruellen Syndroms sowie Kriterien einer Prämenstruellen Dysphorischen Störung (nach DSM-IV).

Verlauf: Beginnen kann ein Prämenstruelles Syndrom in jedem Alter nach der Menarche, der Häufigkeitsgipfel liegt im 2. bis 3. Lebensjahrzehnt. In Behandlung kommen am ehesten Betroffene zwischen 30 und 40 Jahren, eine Verschlimmerung mit zunehmendem Alter oder nach einer Entbindung ist nicht ungewöhnlich. Die Symptome remittieren gewöhnlich mit der Menopause. Die Symptomatik kann in verschiedenen Zyklen variieren.

 Therapie

Das bloße Wahrnehmen somatischer und/oder psychischer Symptome in der Lutealphase des Zyklus muss noch nicht zur spezifischen medikamentösen Therapie führen. Oftmals sind Aufklärung, Psychoedukation, unspezifische Maßnahmen (Veränderungen des Lebens- und Ernährungsstils), symptomatische Therapie (z.B. bei Mastodynie, Kopfschmerzen etc., u.a. auch mit Phytotherapeutika) und Anleitung zur Verhaltensbeobachtung und -modifikation selbst bei ausgeprägter prämenstrueller Symptomatik ausreichend. In vielen Fällen wird die Symptomatik deutlich besser nach Gabe eines Kontrazeptivums oder auch einer anderen hormonelle Therapie - eine Vorstellung beim Gynäkologen sollte deshalb immer erfolgen. Bei der voll ausgebildeten Symptomatik einer **Prämenstruellen Dysphorischen Störung**, wobei die affektive Symptomatik mit ihren Auswirkungen im Vordergrund steht, ist nach dem aktuellen Stand der Forschung eine **Psychopharmakotherapie mit SSRI** (Serotonin-Wiederaufnahmehemmer) empfehlenswert. Wirksamkeitsnachweise wurden für verschiedene Substanzen dieser Stoffgruppe vorgelegt (z.B. für Fluoxetin, Paroxetin, Citalopram, Sertralin). **Dabei scheinen diese Substanzen sowohl mit einer kontinuierlichen Gabe während des gesamten Zyklus als auch mit einer intermittierenden Gabe nur in der Lutealphase (also der zweiten Zyklushälfte) und bereits in niedriger Dosis wirksam zu sein.**

14.2. Depressive Verstimmung in der Schwangerschaft

> Die Erstmanifestation schwerer depressiver Syndrome in der Schwangerschaft ist eher selten, obwohl Stimmungsveränderungen insgesamt häufig sind (wie etwa vorübergehende Euphorie, leichte depressive Verstimmung, Ängstlichkeit etc.) Meist besteht keine psychotherapeutische oder medikamentöse Behandlungsnotwendigkeit. Bei einer Psychopharmakotherapie ist immer der mögliche Einfluss auf das Kind mit zu berücksichtigen, die Auswahl des Präparates sollte danach erfolgen.

Stimmungsveränderungen - sowohl in positiver als auch negativer Richtung - sind während der Schwangerschaft nicht ungewöhnlich, und zwar besonders im ersten Trimenon (Notwendigkeit der Adaptation an die neue Lebensperspektive, evtl. Ambivalenzen) und im dritten Trimenon (Vorbereitung auf die Entbindung, Auftreten von Sorgen und Befürchtungen). Nicht immer finden sich Konfliktfelder (wie etwa Einstellung gegenüber der Schwangerschaft, aktuelle Lebenssituation und Partnerschaft, finanzielle Situation etc.). Beeinflusst wird das psychische Befinden auch vom körperlichen Zustand, besonders gegen Ende der Schwangerschaft. Die häufigsten affektiven Symptome in der Schwangerschaft sind Euphorie bzw. gehobene Stimmungslage, depressive Verstimmungen und vielfältige Ängste, auch rasche Stimmungswechsel kommen vor.

Sind bereits in der Schwangerschaft depressive Verstimmungen aufgetreten, ist das ein **Prädiktor für das mögliche Auftreten einer postpartalen Depression**.

Die **Erstmanifestation schwerer psychopathologischer Störungsbilder**, wie etwa Psychosen oder schwerer affektiver Störungsbilder (schwere Depression, Manie), ist eher selten in der Schwangerschaft. Der Beginn von Panikstörungen oder Zwangsstörungen kommt vor. Es wird auch eine "protektive" Wirkung der hormonellen Veränderungen in der Schwangerschaft mit dem erheblichen Anstieg z.B. von Östrogenen und Progesteron diskutiert. Wenn in der Vorgeschichte eine unipolare oder bipolare Erkrankung bereits bekannt ist, besteht allerdings ein relevantes Risiko eines Rezidivs dieser Störung - insbesondere dann,

wenn wegen eines Kinderwunsches oder der bereits eingetretenen Schwangerschaft eine medikamentöse Therapie bzw. Prophylaxe abgesetzt wurde.

 Therapie

Oftmals sind depressive Verstimmungen in der Schwangerschaft nicht behandlungsbedürftig; abgesehen davon finden betroffene Frauen nur selten den Weg zum Psychiater oder Psychotherapeuten. Stützende und beratende Gespräche sind bei leichteren depressiven Störungsbildern oftmals ausreichend. **Besteht die Notwendigkeit einer Psychopharmakotherapie,** muss bei der Auswahl des Antidepressivums berücksichtigt werden, dass praktisch alle Medikamente über die Plazenta zum Feten gelangen und dass rechtzeitig vor der Entbindung die Dosis reduziert bzw. ganz abgesetzt wird, um das Neugeborene, dessen Stoffwechsel noch nicht ausreichend funktioniert, nicht zu überfordern. Ist eine solche Situation nicht vermeidbar, sollte die Entbindung in einem Zentrum für Pränatalmedizin erfolgen, wo die Überwachung des Neugeborene direkt nach der Entbindung möglich ist.

14.3. Postpartale Depressionen

> Postpartale Depressionen treten nach 10 bis 15 % aller Entbindungen auf und können das gesamte Spektrum depressiver Symptome zeigen. Im Vordergrund stehen oftmals Insuffizienzgefühle als Mutter, mangelnde "Mutter-Kind-Gefühle", Zwangsgedanken und Zwangsimpulse, dem Kind etwas anzutun, und ausgeprägte Schuld- und Schamgefühle.

Psychische Störungen nach der Geburt sind weit verbreitet, werden aber dennoch häufig nicht früh genug oder auch hinsichtlich des Schweregrades nicht angemessen wahrgenommen.

Obwohl es Übergänge gibt, sind verschiedene Formen postpartaler psychischer Störungen mit unterschiedlicher Symptomatik, verschiedenem Verlauf und wahrscheinlich auch - zumindest teilweise - unterschiedlicher Genese voneinander abzugrenzen (☞ Tab. 14.2).

Epidemiologische Untersuchungen zeigen eine **Häufigkeit depressiver Syndrome** von etwa 10 bis 15 % aller Entbindungen. Im Gegensatz zum Baby

Formen psychischer Störungen post partum	
Erkrankungen	**Charakteristika**
Post partum blues ("Baby blues", "Heultage")	• *Beginn*: 3.- 5. Tag post partum • *Dauer*: Wenige Tage • *Symptomatik*: Allgemein erhöhte Reagibilität auf Außenreize. Stimmungslabilität steht im Vordergrund mit raschem Wechsel zwischen Glücklichsein, Weinen, Reizbarkeit etc. • *Therapie*: Keine Behandlung erforderlich
Postpartale Depression ("Wochenbettdepression", "Postnatale Depression")	• *Beginn*: Erste Tage/Wochen bis Monate nach der Entbindung • *Dauer*: Abhängig vom Schweregrad Tage bis Monate, im Extremfall Chronifizierung • *Symptomatik*: Depressive Verstimmung unterschiedlichen Schweregrades von der leichten, nicht behandlungsbedürftigen depressiven Verstimmung bis zur schweren wahnhaften Depression. • *Therapie*: Entsprechend dem klinischen Bild Psychopharmakotherapie (Antidepressiva) und/oder Psychotherapie
Postpartale Psychose ("Wochenbettpsychose", "Puerperalpsychose")	• *Beginn*: Erste Tage bis Wochen nach der Entbindung, ca. 75 % innerhalb der ersten 2 Wochen • *Dauer*: Abhängig von Schweregrad und klinischem Bild Tage bis Monate • *Symptomatik*: Alle Typen von Psychosen mit der entsprechenden Symptomatik kommen vor (z.B. schizophrene, schizoaffektive, affektive, polymorphe, organische Psychosen) • *Therapie*: Entsprechend dem klinischen Bild Psychopharmakotherapie (z.B. Neuroleptika, Antidepressiva, Tranquilizer), ggf. auch Psychotherapie

Tab. 14.2: Formen psychischer Störungen post partum.

blues und zu den postpartalen Psychosen scheinen kulturelle Einflüsse (wie z.B. Einstellung zur Mutterrolle, Geburtsrituale, eigene und fremde Erwartungen an die Mutter etc.) einen Einfluss auf die Ausbildung einer postpartalen Depression zu haben.

Von einer **multifaktoriellen Ätiologie** wird ausgegangen mit einer Beteiligung hormoneller Faktoren, somatischer und psychologischer Belastungen durch die Geburt, psychosozialer Einflüsse, Persönlichkeit, Lebenssituation, eigene und fremde Erwartungshaltungen etc. Frauen mit prämenstrueller Symptomatik in der Vorgeschichte scheinen eine erhöhte Anfälligkeit zu haben, ebenso wie Frauen, die bereits früher an einer affektiven oder Angststörung gelitten haben.

Die **Symptomatik** reicht von einer leichten depressiven Verstimmung, die als Reaktion auf die Umstellung der Lebenssituation und den oftmals entstehenden Stress gewertet werden kann, bis hin zur schweren Depression mit melancholischen Merkmalen oder sogar zur psychotischen Depression (☞ auch Tabelle 14.3).

> Besonders leiden die betroffenen Frauen unter dem Gefühl, eine schlechte Mutter zu sein, woraus Schuld- und Insuffizienzgefühle resultieren. Auch das Auftreten von Zwangsgedanken und -impulsen, dem Kind etwas anzutun, führt zu ausgeprägten Scham- und Schuldgefühlen.

Nicht selten führt das Auftreten solcher Symptome zu suizidalen Gedanken (**cave: erweiterter Suizid** mit Tötung des Kindes) oder zu Überlegungen, das Kind evtl. zur Adoption freizugeben.

Häufige Symptome der postpartalen Depression	
Konzentration	Konzentrationsstörungen
Formales Denken	Grübeln, Denkverlangsamung
Ich-Funktionen	Derealisation/Depersonalisation
Antrieb/Psychomotorik	Lust- und Interesselosigkeit, Antriebsminderung, Apathie, sozialer Rückzug, Agitiertheit
Affektivität	Depressivität, Insuffizienzgefühle, Schuldgefühle, "mangelnde Mutter-Kind-Gefühle", Reizbarkeit, innere Unruhe, unbestimmte Angst, Panikattacken
Zwang	Zwangsgedanken und -impulse (dem Kind etwas anzutun), seltener Zwangshandlungen
Schlaf	Einschlaf- und Durchschlafstörungen, Früherwachen
Suizidalität	Suizidgedanken, Suizidhandlungen (Gefahr des erweiterten Suizids)
Somatische Symptome	Müdigkeit, Appetitminderung, Gewichtsverlust

Tab. 14.3: Häufige Symptome der postpartalen Depression.

Aus der klinischen Praxis lassen sich **drei Prägnanztypen** voneinander abgrenzen, die in Tabelle 14.4 kurz charakterisiert sind. Am häufigsten ist der "Insuffizienztyp" mit etwa 2/3 der klinischen Fälle. Deutlich seltener, aber für die Betroffenen mit einem enormen Leidensdruck verbunden wegen ausgeprägter Schuld- und Schamgefühle, ist der "Zwangstyp" (etwa 20 % der klinischen Fälle). Noch seltener sind postpartale Depressionen mit Panikattacken.

> **Cave:** Eine Abgrenzung der Zwangsgedanken von akustischen Halluzinationen/imperativen Stimmen ist sehr wichtig, da die für das Voliegen einer postpartalen Psychose sprechen. Beim Vorhandensein imperativer Stimmen oder auch sonstiger psychotischer Symptome ist wegen der Gefährdung des Kindes immer eine stationäre Behandlung induziert.

Beim sicheren Vorhandensein von Zwangsgedanken (☞ Kap. 12.2.) besteht dagegen keine Gefahr der Umsetzung. Ebenfalls eine Indikation für eine stationäre Behandlung ist das Vorhandensein von Suizidalität, da sowohl die Mutter als auch das Kind durch plötzlich auftretende Suizidimpulse (erweiterter Suizid, ☞ Kapitel 10.3.3.) bzw. einen raptusartigen Suizid (☞ Kapitel 10.3.1.) gefährdet sind. Ein entsprechendes Fallbeispiel in Form der Selbstschilderung einer betroffenen Frau ist im folgenden dargestellt.

Prägnanztypen postpartaler Depressionen	
Typ postpartaler Depression	Im Vordergrund stehende Symptomatik
"Insuffizienztyp"	Depressive Verstimmung steht im Vordergrund mit Insuffiziengefühlen, Schuldgefühlen, der Überzeugung, eine schlechte Mutter zu sein. Die Mutter-Kind-Gefühle sind nicht in der Art vorhanden, wie die Mutter sie erwartet, was wiederum Schuldgefühle verursacht. Oftmals endomorphe Symptomatik (mit Konzentrationsstörungen, Antriebsmangel, Schlafstörungen, Appetitstörungen, Tagesschwankungen etc.) bis hin zur Suizidalität
"Zwangstyp"	Depressive Verstimmung mit im Vordergrund stehender Zwangssymptomatik ("obsession of infanticide", Gedanke bzw. Impuls, dem eigenen Kind etwas anzutun, es zu verletzen, zu töten etc.). Verbunden mit ausgeprägten Schuld- und Schamgefühlen, Angst vor Kontrollverlust und Vermeidungsverhalten (Situationen, in denen das Kind vermeintlich "gefährdet" ist, werden vermieden). Die Depression entwickelt sich häufig nach der Zwangssymptomatik.
"Paniktyp"	Auftreten depressiver Verstimmung parallel mit der (meist erstmaligen) Manifestation von Panikattacken (☞ auch Kapitel 12.1.)

Tab. 14.4: Prägnanztypen postpartaler Depressionen.

Fallbeispiel - Raptusartiger Suizidversuch bei postpartaler Depression vom Insuffizienztyp (Selbstschilderung einer Betroffenen)

"Ich hatte eine wundervolle Schwangerschaft, war stolz auf meinen Bauch, führte eine glückliche Ehe, und dieses Kind, mit dem wir fast schon nicht mehr gerechnet hatten, war ein sogenanntes Wunschkind. Auch die Entbindung war...nicht schwer... deshalb habe ich auch die Welt nicht mehr verstanden, als es mir bereits 36 Stunden nach der Entbindung psychisch sehr schlecht ging. Dies äußerte sich durch innere Unruhe, ich konnte weder schlafen noch essen, fast ständiges Weinen und wenig später durch Äußerungen wie: "..wenn ich nicht so feige wäre, dann würde ich aus dem Fenster springen".

Ich hatte überhaupt keine Freude an meinem Kind, ganz im Gegenteil, ich hätte mir gewünscht, das Kind zurückgeben zu können, weil ich solche Angst vor ihm hatte und der Meinung war, ich würde es niemals gut und richtig versorgen können. Im Krankenhaus hat man meinen Zustand damit abgetan, dass es vielen Müttern so gehe und dass ich mich zusammenreißen müsse, damit ich mein Kind stillen könne und damit mir mein Mann nicht wegliefe....Ich wollte doch so gern eine perfekte Mutter sein und hatte mir während der Schwangerschaft ausgemalt, wie schön alles werden würde. Daher habe ich mich immer wieder unter Aufbringung der letzten Kräfte "zusammengerissen", natürlich auch, weil ich enorme Schuldgefühle meinem Kind und meiner Familie gegenüber hatte.

Zwei Tage nach der Entlassung aus dem Krankenhaus ist es dann passiert: in wenigen unbeaufsichtigten Sekunden bin ich in der häuslichen Wohnung aus dem Fenster gesprungen...."

Verlauf: Unter einer gezielten antidepressiven Therapie kann es bereits innerhalb weniger Tage zur deutlichen Stimmungsverbesserung kommen. In den meisten Fällen ist innerhalb weniger Wochen mit einer Symptomreduktion bis zur Beschwerdefreiheit zu rechnen. Besonders wenn die Symptomatik vor Beginn der Therapie bereits länger besteht oder sogar chronifiziert ist, kann auch eine längere Therapie erforderlich sein.

Bei weiteren Entbindungen besteht die Gefahr eines Rezidivs, auch insgesamt ist mit einer erhöhten "Anfälligkeit" für Depressionen zu rechnen.

Therapie

In Abhängigkeit vom im Vordergrund stehenden Beschwerdebild muss bei mittelschweren bis schweren postpartalen Depressionen (besonders vom "**Insuffizienztyp**") in der Regel zunächst eine

medikamentöse Therapie durchgeführt werden, z.B. mit Antidepressiva, evtl. auch in Kombination mit Tranquilizern (Anxiolytika). Auch wenn die betroffene Mutter weiter **stillen** möchte, ist eine antidepressive Therapie grundsätzlich möglich. Die dafür geltenden üblichen Richtlinien sind jedoch zu beachten. Stützende psychotherapeutische Gespräche sind ebenfalls ein wichtiger Baustein der Therapie. Nach Abklingen der Akutsymptomatik sollte sich in einigen Fällen dann noch eine längerfristige Psychotherapie anschließen, da durch die postpartale Depression nicht selten überdauernde Konflikte oder Problembereiche deutlich werden. Hilfreich bei der Therapie postpartaler Depressionen ist auch der **Austausch mit anderen Betroffenen**, z.B. im Rahmen einer Selbsthilfegruppe.

Steht eine **Zwangssymptomatik** im Vordergrund, sind oftmals Aufklärung über die Art der Symptome und verhaltenstherapeutische Maßnahmen (Abbau des Vermeidungsverhaltens etc.) ausreichend. Gerade für diese Gruppe von Betroffenen ist es sehr hilfreich zu erfahren, dass es andere Mütter mit gleichen Symptomen gibt.

Bei einer postpartalen Depression mit **Panikattacken** ist in der Regel der Einsatz von Antidepressiva erforderlich in Kombination mit verhaltenstherapeutischen Maßnahmen der Angstbehandlung.

14.4. Depression im Klimakterium

> Mit zunehmender Lebenserwartung der Menschen nimmt auch die Bedeutung von Beschwerdebildern im Klimakterium bzw. in der Postmenopause zu. Zwischenzeitlich leben Frauen mehr als ein Drittel ihres Lebens in der Postmenopause.

Als **Klimakterium** wird die Übergangsphase von der vollen Geschlechtsreife bis zum Senium der Frau bezeichnet. Die **Menopause** (Zeitpunkt der letzten Menstruation) unterteilt das Klimakterium in einen prämenopausalen und einen postmenopausalen Abschnitt. Das durchschnittliche Menopausenalter liegt bei 52 Jahren, die Dauer des Klimakteriums ist unterschiedlich und dauert etwa 10 Jahre. Bereits in der **Prämenopause** zeigt sich das allmähliche Nachlassen der Ovarialfunktion durch Zyklusunregelmäßigkeiten. In der **Postmeno-**

Symptomatik im Klimakterium		
Organische Veränderungen	Vegetative Symptome	Psychische Symptome
• Haut- und Schleimhaut-veränderungen • Atrophische Veränderungen im Urogenitalbereich • Veränderter Haarwuchs • Gewichtszunahme • Osteoporose • etc.	• Schweißausbrüche • Herzrasen • Schlaflosigkeit • Kopfschmerzen • Schwindel • Mattigkeit • etc.	• "Nervosität" • Reizbarkeit • Depressive Verstimmung • Ängstlichkeit • Insuffizienzgefühle • Konzentrationsstörungen • Vergesslichkeit • Libidoverlust • etc.

Tab. 14.5: Organische Veränderungen sowie vegetative und psychische Symptome im Klimakterium.

Therapie affektiver Störungen im Klimakterium		
Störungsbild	Symptomatik	Therapie
Perimenopausales depressives Syndrom	• Reizbarkeit, Ängstlichkeit, traurige Verstimmung, Affektlabilität, verminderte Libido, schnelle Erschöpfbarkeit, Konzentrationsstörungen • Kriterien einer depressiven Episode sind nicht erfüllt	Hormon-substitution (+ ggf. Antide-pressivum)
Depressive Episode	• Depressive Verstimmung, Hoffnungslosigkeit, Antriebs- und Interesselosigkeit, Schuld- und Insuffizienzgefühle, Schlafstörungen, Appetitstörungen, Somatische Symptome, Libido-verlust, Suizidgedanken, etc. • Kriterien für eine depressive Episode sind erfüllt	Antidepressive Therapie + ggf. Hormon-substitution

Tab. 14.6: Therapie affektiver Störungen im Klimakterium.

pause kommt es bedingt durch die Stoffwechsel-veränderungen zu weitreichenden organischen Veränderungen.

Etwa 1/3 aller Frauen durchlebt das Klimakterium ohne subjektive Symptome, ein weiteres Drittel berichtet über vegetative Beschwerden, und die Frauen des restlichen Drittels erleben stärkere Beschwerden, die auch Krankheitswert erreichen können (☞ Tab. 14.5).

15. Depression und Sexualität

Depressionen haben in zweierlei Hinsicht Einfluss auf die Sexualität:

- zum einen kann eine Störung der Sexualität ein Symptom der Depression sein
- zum anderen haben viele Psychopharmaka, so auch die Antidepressiva, Auswirkungen auf die Sexualität

15.1. Störungen der Sexualität als Symptom der Depressivität

Eine Störung der Libido (oder bei Männern auch eine erektile Dysfunktion) ist nicht selten eines der ersten Symptome einer beginnenden Depression. Bei schweren depressiven Syndromen ist die Sexualität fast immer gestört. Von den Betroffenen wird das dann nicht immer so wahrgenommen, weil andere Symptome im Vordergrund stehen, und deshalb nur auf gezieltes Fragen angegeben. Mit der Besserung der Depression unter der Therapie tritt das Bedürfnis nach Sexualität wieder mehr in den Vordergrund - oft auch durch die Bedürfnisse des Partners/der Partnerin - und wird dann nicht selten zum ersten Mal von Patienten thematisiert. Aus diesem Grund ist die Abgrenzung zwischen einem primären Symptom der Depression und einer sekundären Störung der Sexualität als Nebenwirkung der Medikation manchmal schwierig.

15.2. Störungen der Sexualität als Nebenwirkung von Psychopharmaka

Leider verursachen die meisten antidepressiv wirksamen Medikamente ebenso wie Antipsychotika Störungen der Libido oder auch der Potenzfähigkeit als Nebenwirkung. Zu Beginn der Therapie - unter dem Einfluss der schweren depressiven Symptomatik - werden diese Auswirkungen gar nicht bemerkt, und wenn sind die meisten Patienten bereit, diese Nebeneffekte zu tolerieren. Mit zunehmender Gesundung kann daraus jedoch ein relevantes Problem entstehen, da nicht nur die Lebensqualität für den Patienten selbst, sondern auch die Partnerschaft dadurch negativ beeinflusst werden kann. In einem solchen Fall ist dann gegen das Risiko eines Rückfalls abzuwägen, ob die Umsetzung oder Reduktion des Präparates möglich ist.

Zu beachten ist, dass Patienten unter Therapie oftmals trotz eines erheblichen Leidensdrucks nicht von sich aus über dieses Thema sprechen, da sie auch nicht ohne weiteres die veränderte Sexualität mit dem Medikament in Verbindung bringen. Eine entsprechende Nachfrage sollte deshalb nicht nur zu Beginn der Therapie, sondern auch nach einigen Wochen und Monaten der Behandlung dazugehören.

15.3. Kontrazeption

Da eine ungeplant eintretende Schwangerschaft bei einer affektiv erkrankten Frau wegen der Möglichkeit der psychischen Destabilisierung möglichst vermieden werden sollte und andererseits unter dem Einfluss von Psychopharmaka Zyklusunregelmäßigkeiten auftreten können und damit eine Schwangerschaftsverhütung durch Zyklusbeobachtung erschweren, sollte mit allen Frauen im gebärfähigen Alter die Frage einer **Kontrazeption** besprochen werden. Auch wenn für die meisten Antidepressiva von einer nur geringen bzw. nicht vorhandenen teratogenen Wirkung auszugehen ist, kann diese nicht ausgeschlossen werden und für alle zugelassenen antidepressiv wirkenden Medikamente gilt Schwangerschaft als Kontraindikation. Obwohl im Einzelfall Interaktionen mit Antidepressiva möglich sind, kann doch die Gabe einer hormonellen Kontrazeption als relativ sicher gelten - sofern als Nebenwirkung nicht eine Verschlechterung der affektiven Situation auftritt (depressive Verstimmung wird von einigen Frauen als Begleiteffekt der "Pille" erlebt). Andererseits kann aber gerade die Gabe eines Hormonpräparates zur psychischen Stabilisierung beitragen wegen der bekannten Interaktionen zwischen Östrogenen und Serotonin-System. Eine sichere Alternative zur hormonellen Kontrazeption ist die Verwendung einer "Spirale", also eines Intrauterinpessars.

Da bei Gabe eines "mood stabilizers" (Lithium, Carbamazepin, Valproinsäure etc.) ein erhöhtes Risiko der Teratogenität besteht, muss bei Einnahme dieser Medikamente eine Empfängnisverhütung sichergestellt werden. Dabei ist auch zu berücksichtigen, dass unter der Gabe von Carbamazepin eine Enzyminduktion auftreten kann, die die Wirkung der Kontrazeptiva verringert; alternative Methoden der Empfängnisverhütung statt "Pille" können hier (evtl. auch zusätzlich) erforderlich sein. Wird allerdings eine Patientin unter Medikation **schwanger**, ist das noch nicht "automatisch" eine Indikation zum Schwangerschaftsabbruch, da medikationsbedingte Fehlbildungen beim Kind insgesamt selten sind. Mit einer humangenetischen Beratung sowie einer kompetenten Pränataldiagnostik können das individuelle Risiko der betroffenen Patientin eingeschätzt und evtl. Schädigungen des Feten (z.B. kardiale Störungen, Neuralrohrdefekte etc.) ausgeschlossen werden.

Besteht bei einer Patientin, die an einer rezidivierenden unipolaren oder bipolaren affektiven Störung leidet, **Kinderwunsch** und möchte die Patientin in absehbarer Zeit schwanger werden, dann ist zum einen eine Beratung hinsichtlich des Rezidivrisikos in der Schwangerschaft und postpartal erforderlich, zum anderen eine Entscheidung, ob die antidepressive Medikation oder auch die Prophylaxe abgesetzt werden kann. Eine solche Beratung muss immer unter Berücksichtigung der individuellen Vorgeschichte erfolgen und sollte möglichst den Vaters des Kindes einbeziehen. Ist das Risiko eines Rezidivs nach Absetzen der Medikation nicht vertretbar, so sollte zumindest die Umstellung der Medikation auf ein eher "ungefährliches" Präparat oder auch die Reduktion auf eine Monotherapie erfolgen. Die letzte Entscheidung sollten nach ausführlicher (und gut dokumentierter) Aufklärung über alle individuellen Risiken immer die zukünftigen Eltern treffen.

16. Depression im Alter

Obwohl depressive Störungen im höheren Lebensalter nicht häufiger auftreten als bei jungen Menschen, sind depressive Störungen das häufigste psychische Problem im Alter.

Wichtig ist die Differenzierung zwischen

- "endogener" affektiver Störung und
- organischer Depression

Anders als bei schizoaffektiven und schizophrenen Psychosen oder auch bipolaren affektiven Störungen nimmt das Risiko, erstmals an einer unipolaren Depression zu erkranken, mit zunehmendem Alter nicht ab. Allerdings konnte die Annahme nicht bestätigt werden, dass ältere Menschen häufiger an Depressionen leiden als jüngere. Dennoch sind depressive Störungen das häufigste psychische Problem im höheren Lebensalter. Psychopathologisches Bild und Verlauf von im höheren Lebensalter auftretenden depressiven Episoden unterscheiden sich nicht von anderen depressiven Episoden. Trotz einer insgesamt erhöhten Suizidrate im höheren Lebensalter im Vergleich zur Allgemeinbevölkerung scheint der Anteil affektiver Störungen als Ursache dafür im Laufe des Lebens gleichzubleiben.

Das früher verfolgte Konzept einer eigenen nosologischen Einheit "Involutionsdepression" wurde zwischenzeitlich verlassen, da alle entsprechenden Studien gezeigt haben, dass Depressionen im höheren Lebensalter nicht grundsätzlich etwas anderes sind als im jüngeren Alter.

Bedingt durch **altersbedingte Besonderheiten** zeigen Depressionen im Alter manchmal ein etwas anderes Erscheinungsbild, beispielsweise durch die häufig komorbid bestehenden körperlichen Erkrankungen und somatischen Beschwerden, depressionsunabhängige kognitive Einbußen sowie altersabhängige Persönlichkeits- und Verhaltensakzentuierungen.

In manchen Fällen besteht auch zu Beginn der Erkrankung wegen deutlicher kognitiver Defizite der Verdacht auf das Bestehen bzw. den Beginn einer Demenz. Nicht selten bessern sich diese kognitiven Defizite aber im weiteren Verlauf der antidepressiven Therapie; in solchen Fällen spricht man von einer **depressiven Pseudodemenz**. Allerdings zeigen longitudinale Studien, dass Patienten mit einer sogenannten depressiven Pseudodemenz später ein erhöhtes Risiko für die Entwicklung einer dementiellen Erkrankung haben.

Noch wichtiger als in anderen Lebensabschnitten ist allerdings im Alter die **differentialdiagnostische Abgrenzung** einer depressiven Episode im Rahmen einer affektiven Störung von einer sekundären depressiven Verstimmung bzw. einer "Pseudodepression" bei einer **organischen Erkrankung.** Es muss auch berücksichtigt werden, dass manche organischen Erkrankungen (wie etwa Morbus Parkinson oder manche Demenzerkrankungen) depressive Symptome aufweisen. Depressive Erscheinungen können dabei schon im Initialstadium auftreten, bevor die neurologische Symptomatik manifest bzw. klinisch deutlich wird (auch Kapitel 13.3.). Auch beim Rezidiv einer bereits früher bestehenden affektiver Störung ist im Alter die somatische Diagnostik immer besonders wichtig, unter anderem auch zur Überprüfung von Kontraindikationen gegen eine Medikation.

◼ Therapie

Die Therapie von depressiven Zuständen im höheren Lebensalter folgt den gleichen Regeln wie sie für depressive Episoden insgesamt gelten, allerdings unter besonderer Berücksichtigung möglicher somatischer Nebenwirkungen der Antidepressiva-Therapie, bestehender Grundkrankheiten und möglicher Interaktionen mit anderen notwendigen Medikamenten.

Auch bei alten Menschen sollte bei entsprechender Indikation immer eine psychotherapeutische Behandlung in Erwägung gezogen werden; entsprechend modifizierte Behandlungskonzepte liegen zwischenzeitlich vor.

17. Depression bei Kindern und Jugendlichen

> Depressive Verstimmungen sind bei Kindern insgesamt selten, nehmen dann ab der Pubertät in der Häufigkeit zu.

Zwischenzeitlich ist unzweifelhaft, dass nicht nur bei Jugendlichen, sondern auch bei Kindern schon depressive Verstimmungen bis hin zu schweren depressiven Zustandsbildern auftreten können.

Nur wenige epidemiologische Zahlen zur Häufigkeit depressiver Episoden in der Kindheit liegen vor, danach kann man davon ausgehen, dass **vor der Pubertät depressive Erkrankungen bei Kindern insgesamt selten** sind (Prävalenz bis max. 2,5 % für unipolare Depressionen). In der **Adoleszenz dagegen erreicht die Häufigkeit depressiver Syndrome bereits Zahlen, wie sie für das Erwachsenenalter typisch sind** (geschätzte Lebenszeitprävalenz 15-20 %). Noch weniger Informationen gibt es zum Vorkommen anderer Störungen des depressiven Spektrums (wie etwa Dysthymie, Anpassungsstörungen etc.). Bereits in der Pubertät zeigt sich übrigens ein Überwiegen weiblicher Betroffener von Depressionen, wie es auch in allen späteren Lebensabschnitten feststellbar ist. Ebenso ist im Vergleich zur Kindheit eine deutliche Zunahme von Suizidversuchen und Suiziden zu verzeichnen.

Ob es sich bei einer depressiven Verstimmung bzw. Episode im Kindes- oder Jugendalter um ein singuläres Ereignis und vielleicht nur um eine "Pubertätskrise" handelt, oder ob es die Erstmanifestation einer affektiven oder auch schizoaffektiven Störung ist, zeigt verlässlich nur der weitere Verlauf.

 Therapie

Im Vordergrund einer kinder- und jugendpsychiatrischen Behandlung stehen in der Regel psychotherapeutische, milieutherapeutische und familientherapeutische Maßnahmen, so auch bei Depressionen im Kindes- und frühen Jugendalter.

Bei ausgeprägter Depression und Vorhandensein einer melancholischen Symptomkonstellation bzw. einer mittelschweren oder schweren depressiven Episode ist auch der Einsatz von Antidepressiva zu erwägen. Limitierend ist hierbei, dass Phar-

mastudien und insbesondere Dosisfindungsstudien bei Kindern und Adoleszenten bisher kaum durchgeführt wurden und deshalb Präparate- und Dosierungsempfehlungen meist aus der Erwachsenenpsychiatrie abgeleitet werden.

18. Depression bei Intelligenzminderung

Auch intelligenzgeminderte Menschen können depressiv werden, allerdings ist die Diagnostik durch die Einschränkung der intellektuellen Fähigkeiten und die häufig vorhandenen Sprachstörungen erschwert. Bei der Therapie sind auch evtl. vorhandene zentralnervöse Schädigungen zu berücksichtigen.

Depressive Symptome und Reaktionen können auch bei intelligenzgeminderten Menschen auftreten. Allerdings ist beim **Vorliegen einer Intelligenzminderung die Diagnostik erschwert**. Dies ist unter anderem dadurch bedingt, dass die Diagnosestellung in erster Linie auf der Selbstschilderung eines Betroffenen und seiner Veränderung im Selbsterleben beruht. Dies ist naturgemäß bei intelligenzgeminderten Patienten sehr viel schwieriger - vor allem wenn eine mittelschwere oder schwere Intelligenzminderung vorliegt, wo differenzierte sprachliche Äußerungen nicht mehr möglich sind. Gerade bei diesen Betroffenen ist dann die **Beobachtung von Änderungen bei Mimik und Gestik, Antrieb und Verhalten durch Betreuer und Angehörige** besonders wichtig. Zu berücksichtigen ist bei der Beurteilung auch, dass die Intelligenzminderung naturgemäß einen Einfluss auf das klinische Erscheinungsbild der Depression hat und dass dieses durch die individuelle Behinderung mit geprägt ist (z.B. durch bereits vor der Depression vorhandene Verhaltensauffälligkeiten, affektive Symptome - wie etwa Reizbarkeit, Neigung zu Aggressivität, etc.).

Therapie

Bestätigt sich der Verdacht des Vorliegens einer behandlungsbedürftigen Depression, richtet sich die antidepressive Therapie nach den üblichen Richtlinien. Allerdings sind bei der Auswahl des Medikamentes bestehende Grundkrankheiten bzw. Auswirkungen der Behinderung (z.B. erhöhte Erregungsbereitschaft des Gehirns, Einschränkung bei Stoffwechselfunktionen etc.) und bereits verabreichte Medikationen besonders zu berücksichtigen.

Bei Bestehen eines Frühkindlichen Hirnschadens oder anderer zerebraler Schädigungen besteht nicht selten auch eine **besondere Empfindlichkeit gegen Medikamente**, so dass mit sehr niedrigen Dosierungen begonnen werden sollte.

Gerade bei hirngeschädigten Patienten bietet sich der **Einsatz von "Affektsstabilisatoren"** an (z.B. Carbamazepin, Valproat), da dadurch einerseits Aggressivität und Erregungszustände gebessert werden und andererseits die Krampfschwelle positiv beeinflusst wird.

19. Therapie von Depressionen

Zur Therapie einer Depression steht eine Vielzahl verschiedener Verfahren zur Verfügung;
die wichtigsten sind Psychopharmakotherapie
und Psychotherapie. Bei der Auswahl der The-
rapiemethode sind außer der Zielsymptomatik
auch mögliche Nebenwirkungen und Kontraindikationen zu beachten.

Im folgenden Kapitel wird die Therapie depressiver Zustände im allgemeinen dargestellt (bezüglich spezieller Aspekte wird auf die jeweiligen Kapitel verwiesen). Die Auswahl eines oder mehrer
Therapieverfahren für eine depressive Symptomatik richtet sich nach verschiedenen Aspekten, wie
etwa:

- Psychopathologisches Querschnittsbild
- Diagnostische Einordnung der Depression (z.B.
  depressive Episode vs. depressive Symptome als
  Teil einer anderen Grunderkrankung)
- Einordnung der Depression im Längsschnitt
  (z.B. singuläre depressive Episode vs. rezidivie-
  rende depressive Episoden)
- Schwere der Symptomatik
- Vorhandensein bestimmter Symptome (wie
  etwa Suizidalität, Agitiertheit, katatone Sympto-
  matik, psychotische Symptome)
- Vorerfahrungen mit Antidepressiva (Wirksam-
  keit, Nebenwirkungen)
- Komorbid vorhandene psychische Störungen
- Körperliche Erkrankungen
- Vorhandensein von relativen oder absoluten
  Kontraindikationen gegen bestimmte Medika-
  mente
- Erwartete Nebenwirkungen
- Alter des Patienten
- Schwangerschaft / Stillzeit / Kontrazeption
- etc.

Grundsätzlich kann man sagen, dass trotz des
überwiegend deskriptiven Ansatzes der aktuellen
Diagnosesysteme und der Annahme eines multikausalen Verursachungsmodells für die meisten
depressiven Störungsbilder bei der Auswahl des
Therapieverfahrens dennoch das Vorhandensein
biologischer, somatischer und psychischer Aspekte und deren Gewichtung mit berücksichtigt wird.

Stehen beispielsweise "psychische Aspekte" im
Vordergrund (wie etwa bei der Auslösung einer
Anpassungsstörung, ☞ auch Kap. 11.), wird man
sich wahrscheinlich am ehesten für ein psychotherapeutisches Verfahren entscheiden. Gibt es relevante "biologische Aspekte" (wie etwa die postu-
lierte Imbalanz in den Neurotransmittersystemen
des ZNS bei den rezidivierenden affektiven oder
schizoaffektiven Erkrankungen, ☞ Kap. 7., 9.),
dann nimmt die Psychopharmakotherapie neben
begleitenden psychotherapeutischen Maßnahmen
bei der Behandlung großen Raum ein.

19.1. Psychopharmakotherapie der Depression

Ebenso wie für die Wahl des Therapieverfahrens
insgesamt ist auch die Indikation für die Wahl einzelner Medikamente im wesentlichen von der Zielsymptomatik und von evtl. bestehenden Kontraindikationen abhängig.

Es muss besonders darauf hingewiesen werden,
dass dieses Kapitel nur einen Überblick gibt und
dass weiterführende Angaben zu Indikationen,
Kontraindikationen, Dosierungen und erfor-
derlichen Begleituntersuchungen den jeweiligen Produktinformationen der Medikamente
bzw. weiterführenden Lehrbüchern zu entnehmen sind.

Die **Kontraindikationen** für die einzelnen Gruppen von Psychopharmaka können sehr unterschiedlich sein. Da eine Vielzahl körperlicher Erkrankungen (wie etwa Herzerkrankungen, Glau-
kom, Einschränkung der Nierenfunktion o.ä.)
eine relative oder absolute Kontraindikation dar-
stellen können, ist vor Therapieplanung immer
eine sorgfältige Erhebung der somatischen Vorgeschichte erforderlich. Ebenso sind im Verlauf der
Therapie regelmäßige Kontrolluntersuchungen
(wie etwa Laborkontrollen, EKG-Kontrolle etc.)
erforderlich. Einzelheiten bzw. weiterführende
Angaben können weiterführenden Lehrbüchern
(z.B. Benkert / Hippius 1996) bzw. den Fachinfor-
mationen der einzelnen Medikamente entnom-
men werden.

Wichtig - aber leider in der klinischen Praxis oft vernachlässigt - ist die Frage der **Kontrazeption** bei Frauen, da die Medikamente zum Teil eine teratogene Potenz haben und beispielsweise bei nicht gesicherter Empfängnisverhütung oder sogar Kinderwunsch der Patientin die Medikation entsprechend gewählt werden sollte (☞ auch Kap. 15.3.). Wird eine Patientin in der Schwangerschaft depressiv, ist eine sorgfältige Risiko-Nutzen-Abwägung erforderlich um zu entscheiden, ob und wenn ja welche Medikation gegeben werden kann, ob eine Umstellung erforderlich ist oder auch ob auf andere Therapieverfahren ausgewichen werden kann.

19.1.1. Antidepressiva

Die Anfang der 70er Jahre von Kielholz im sogenannten "Kielholzschema" aufgestellten Richtlinien für die Auswahl eines Antidepressivums (und zwar die Auswahl nach der Zielsymptomatik "psychomotorische Hemmung", "vital depressive Verstimmung" oder "psychomotorische Erregung") konnten in kontrollierten klinischen Studien nicht belegt werden. Zuverlässige Prädiktoren für die Wirksamkeit der verschiedenen Antidepressiva-Typen, die besonders in den letzten 10 Jahren im-

mer zahlreicher und immer spezifischer geworden sind, existieren bisher nicht. Ein nach wie vor wichtiger Faktor bei der Auswahl eines Antidepressivums ist die jeweilige Erfahrung des Arztes, insbesondere auch hinsichtlich der Wirksamkeit von Medikamenten bei eventuellen früheren Krankheitsepisoden des Patienten.

Bei einer häufig vergleichbaren antidepressiven Wirkung ist neben den zu erwartenden Nebenwirkungen die unterschiedliche Wirksamkeit auf Zielsymptome wie Schlafstörungen, Unruhe und Angst oft ausschlaggebend für die Auswahl des Präparates. Die unterschiedliche initiale Sedierungspotenz der verschiedenen Antidepressiva ist in Abb. 19.1 dargestellt. Während die klassischen Trizyklika überwiegend anticholinerge Nebenwirkungen verursachen (wie etwa Mundtrockenheit, Schwitzen, Hypotonie, Obstipation), stehen bei den selektiv wirkenden Antidepressiva der anderen Gruppen unterschiedliche Nebenwirkungen im Vordergrund (z.B. gastrointestinale Nebenwirkungen und Kopfschmerzen zu Beginn der Theraie mit SSRI). Insgesamt ist aber bei den neuen selektiven Antidepressiva von einer guten Verträglichkeit auszugehen.

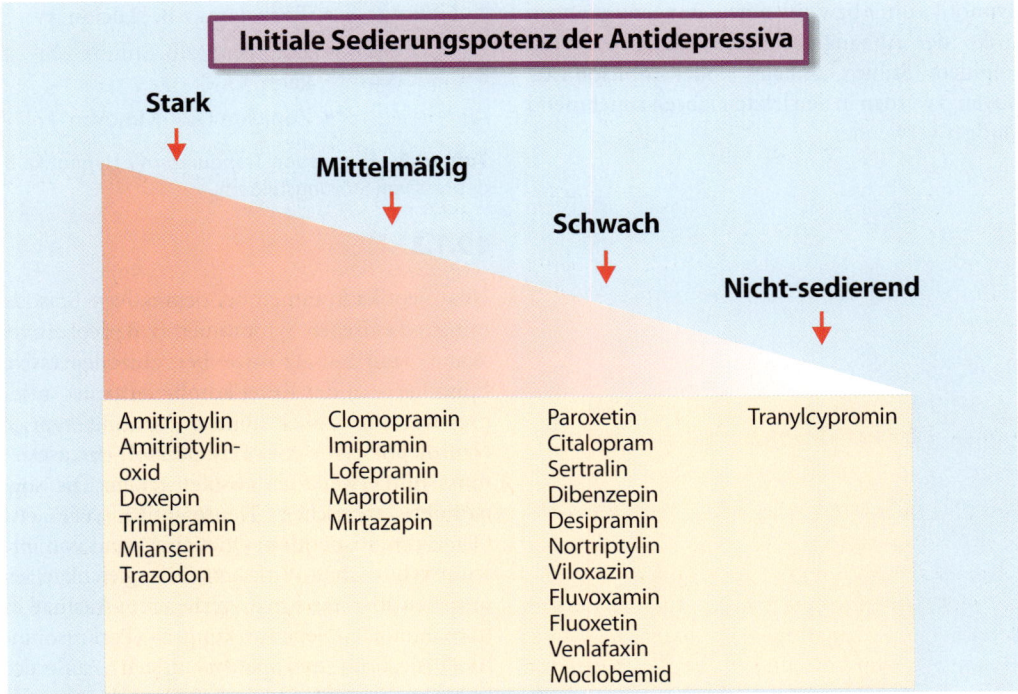

Abb. 19.1: Initiale Sedierungspotenz der Antidepressiva (nach Schmauß, Möller, In: Marneros 1999).

Tab. 19.1 gibt eine Übersicht über Initialdosis, Standardtagesdosis sowie Maximaldosis der einzelnen Präparate (☞ Tab. 19.1). Es wird ausdrücklich darauf hingewiesen, dass die gemachten Angaben nur Orientierungshilfen sind. Für konkrete Angaben zu Kontraindikationen, Dosierungsrichtlinien, Nebenwirkungen etc. wird auf die jeweiligen Produktinformationen und auf weiterführende Literatur verwiesen.

19.1.2. Tranquilizer / Schlafmittel

Tranquilizer werden sehr häufig bei den verschiedenen depressiven Zustandsbildern eingesetzt, und zwar insbesondere zur Sedierung und Beruhigung, andererseits zur Anxiolyse (☞ Tab. 19.2). Auch die schlafanstoßende Wirkung von Benzodiazepinen wird ausgenutzt. Bei akuten depressiven Zuständen, insbesondere mit Agitiertheit, Suizidalität oder wahnhaften Symptomen ist die Gabe von Tranquilizern trotz der prinzipiell immer vorhandenen Abhängigkeitsgefahr indiziert. Allerdings sollte so bald wie möglich eine schrittweise Reduktion erfolgen. Alternativ können übrigens auch niedrigpotente Neuroleptika (z.B. Atosil®, Truxal®, Eunerpan®, Dipiperon® etc.) zur Sedierung eingesetzt werden.

Hypnotika ohne bzw. mit einem nur ganz geringen Risiko der Abhängigkeitsentwicklung wie etwa Zolpidem (Stilnox®, Bikalm®) oder Zopiclon (Ximovan®) werden in den letzten Jahren zunehmend häufiger verwendet.

Einsatz von Tranquilizern / Hypnotika bei depressiven Störungsbildern	
Indikation	Substanzen (Beispiele®)
Beruhigung / Sedierung	• Diazepam (z.B. Valium®) • Oxazepam (z.B. Adumbran®) • Chlorazepat (z.B. Tranxilium®)
Anxiolyse	• Lorazepam (z.B. Tavor®) • Alprazolam (z.B. Tafil®)
Katatone Symptomatik	• Lorazepam (z.B. Tavor®, auch als Expidet-Form, die direkt über die Schleimhäute resorbiert wird)
Schlafanstoßende Wirkung:	
lange / mittellange Wirkung	• Flunitrazepam (z.B. Rohypnol®) • Flurazepam (z.B. Dalmadorm®) • Nitrazepam (z.B. Modagan®) • Lormetazepam (z.B. Noctamid®)
kurze Wirkung	• Temazepam (z.B. Remestan®) • Triazolam (z.B. Halcion®) • Zolpidem (z.B. Stilnox®, Bikalm®) • Zopiclon (z.B. Ximovan®)

Tab. 19.2: Einsatz von Tranquilizern / Hypnotika bei depressiven Störungsbildern.

19.1.3. Neuroleptika

Neuroleptika kommen bei depressiven Episoden mit psychotischen Symptomen (z.B. depressivem Wahn) zum Einsatz sowie bei schizodepressiven Episoden – in der Regel kombiniert mit Antidepressiva. Die früher übliche Strategie, typische Neuroleptika (wie etwa Haloperidol) einzusetzen, muss mittlerweile als obsolet gelten. Die sogenannten atypischen Neuroleptika (wie etwa Olanzapin, Risperidon, Quetiapin) sind von ihrer antipsychotischen Wirksamkeit vergleichbar, verursachen aber in sehr viel geringerem Ausmaß extrapyramidale Nebenwirkungen (Parkinsonoid, Akathisie, Früh- und Spätdyskinesien). Außerdem ist bei hochpotenten typischen Neuroleptika nicht auszuschließen, dass sie eine eigene **depressiogene**

Initial-, Standard- und Maximaldosis verschiedener Antidepressiva *				
Substanzname	Handelsname (Beispiele®)	Initialdosis	Standard-Tagesdosis (mg/Tag)	Maximaldosis (mg/Tag)
Trizyklische Antidepressiva				
Amitriptylin	Saroten®	50	150	300
Amitriptylinoxid	Equilibrin®	60	150	300
Clomipramin	Anafranil®, Hydiphen®	50	150	300
Desipramin	Pertofran®	50	150	300
Dibenzepin	Noveril®	120	480	720
Doxepin	Aponal®, Sinquan®	50	150	300
Imipramin	Tofranil®, Pryleugan®	50	150	300
Lofepramin	Gamonil®	70	210	210
Nortriptylin	Nortrilen®	50	150	300
Trimipramin	Stangyl®, Herphonal®	50	150	300
Tetrazyklische Antidepressiva				
Maprotilin	Ludiomil®, Deprilept®	50	150	225
Mianserin	Tolvin®	30	60	120
Nicht klassifizierbare Antidepressiva				
Trazodon	Thombran®	75	300	600
Viloxazin	Vivalan®	100	300	500
Selektive Serotonin-Wiederaufnahmehemmer (SSRI)				
Citalopram	Cipramil®, Sepram®	20	20	60
Fluoxetin	Fluctin®	20	20	60
Fluvoxamin	Fevarin®	100	200	300
Paroxetin	Seroxat®, Tagonis®	20	20	60
Sertralin	Gladem®, Zoloft®	50	100	200
Noradrenerg-Spezifisch Serotonerge Antidepressiva (NaSSa)				
Mirtazepin	Remergil®	15	30	60
Serotonin-Noradrenalin-Wiederaufnahmehemmer (SNRI)				
Venlafaxin	Trevilor®	75	150	300
Selektive Noradrenalin-Wiederaufnahmehemmer (NARI)				
Reboxetin	Edronax®	4	8	12
Duale serotonerge Antidepressiva (SA)				
Nefazodon	Nedadar®	100	400	600
Monoaminooxidasehemmer				
Moclobemid	Aurorix®	150	300	600
Tranylcypromin	Jatrosom®	10	20	40
Atypische Antidepressiva				
Sulpirid	Dogmatil®, Meresa®, Neogamma®	100	250	400

Tab. 19.1: Übersicht über Initial-, Standardtagesdosis sowie Maximaldosis der z.Zt. im Handel befindlichen Antidepressiva (* modifiziert nach Schmauß und Möller, In: Marneros 1999).

Wirkung haben und damit der antidepressiven Therapie entgegenwirken.

Sogenannte niederpotente Neuroleptika (wie etwa Atosil®, Truxal®, Eunerpan®, Dipiperon®) werden bei depressiven Syndromen auch häufig zur Sedierung und bei Schlafstörungen angewendet, um Tranquilizer einzusparen bzw. das Abhängigkeitspotential zu reduzieren.

19.2. Prophylaxe der Depression

Da die Mehrzahl depressiver Erkrankungen als rezidivierende Störung mit wiederholten Phasen von Depressionen verläuft, ist spätestens bei der 3. Phase einer Depression an eine prophylaktische Behandlung zu denken. Verschiedene Strategien, wie etwa der dauerhafte Einsatz von Antidepressiva, die sich im speziellen Fall als wirksam erwiesen haben, oder auch der Einsatz von Lithium und anderen Affektstabilisatoren ("mood stabilizer"), wie etwa Carbamazepin oder Valproinsäure sind möglich. Eine solche Phasenprophylaxe verhindert nicht nur das neue Auftreten depressiver oder auch manischer Krankheitsphasen; es konnte auch gezeigt werden, dass beispielsweise durch eine konsequente Lithium-Prophylaxe die Mortalität affektiver Erkrankungen durch Suizid deutlich gesenkt wird.

19.2.1. Antidepressiva

Eine Dauerbehandlung mit Antidepressiva im Sinne der Prophylaxe ist nur sinnvoll bei Vorliegen einer unipolaren depressiven Erkrankung. Sobald hypomanische oder manische Phasen aufgetreten sind, besteht bei Antidepressiva-Behandlung immer die Gefahr der Induktion einer manischen Symptomatik. In solchen Fällen sollte auf jeden Fall eine Prophylaxe mit Affektstabilisatoren (Lithium, Valproinsäure, Carbamazepin) durchgeführt werden.

19.2.2. Lithium

Lithium ist das ältestes der zur Phasen-Prophylaxe eingesetzten Medikamente, und zwar sowohl bei unipolaren und bipolaren affektiven, als auch schizoaffektiven Erkrankungen. Allerdings ist die prophylaktische Wirksamkeit bei den Erkrankungen unterschiedlich, besonders bei schnell wechseln-

den bipolaren Störungen wird zwischenzeitlich eher Valproinsäure eingesetzt.

Bei Lithium sollte ein möglichst gleichmäßiger Serumspiegel erreicht werden (0,6 bis 0,8 mmol/ml), die Gabe eines Retard-Präparates (z.B. Quilonum ret.®, Hypnorex ret.®) bietet sich deshalb an. Verschiedene Kontraindikationen (wie etwa Herzrhythmusstörung, Schilddrüsen- oder Nierenfunktionsstörung, Schwangerschaft wegen einer potentiellen teratogenen Wirkung etc.) müssen berücksichtigt werden.

Bei einer Lithium-Prophylaxe sind regelmäßige Laborkontrollen erforderlich, da die therapeutische Breite gering ist (Intoxikationserscheinungen sind bereits ab einem Serum-Spiegel von über 1,0 mmol/ml möglich). Typische Lithium-Nebenwirkungen sind ein feinschlägiger Tremor, Polyurie / Polydipsie und Gewichtszunahme. Falls unter der Lithium-Prophylaxe eine Schilddrüsenvergrößerung (euthyreote Struma) oder auch eine Hypothyreose auftritt, ist eine Substitution mit Schilddrüsenhormonen erforderlich.

19.2.3. Carbamazepin

Carbamazepin war das erste Antikonvulsivum, das als Alternative zu Lithium in der Phasenprophylaxe affektiver Erkrankungen breit eingesetzt wurde und das auch bei Lithium-Nonrespondern bzw. beim Vorliegen einer Kontraindikation eine gute Alternative zu Lithium darstellt. Da Carbamazepin auch eine sehr gute antimanische Wirkung hat, kann damit gerade bei bipolaren Erkrankungen bereits in der akuten manischen Phase die Prophylaxe eingeleitet werden, ohne dass später noch einmal eine Umstellung erforderlich ist. Auch bei Carbamazepin erfolgt die Einstellung über den Serumspiegel, der im gleichen Bereich wie bei der antikonvulsiven Therapie liegen sollte (6 - 12 μg/ml). Es steht eine Reihe von Retard-Präparationen zur Verfügung (beispielsweise Tegretal ret.®, Timonil ret.®).

Für die Gabe von Carbamazepin bestehen verschiedene Kontraindikationen (z.B. Schwangerschaft, Lebererkrankungen, Herzrhythmusstörungen). Typische Nebenwirkungen sind beispielsweise Tremor, allergische Reaktionen, Schwindel etc.; auch Blutbildveränderungen (Leukozytopenie) können vorkommen. Treten Symptome wie Ataxie, Doppelbilder etc. auf, weist dies auf eine Intoxikation hin. Regelmäßige Kontrollen von Blutbild und Leberfunktion sind neben der Bestimmung des Serumspiegels wichtige Begleitmaßnahmen der Therapie. Zu erwähnen ist noch, dass Carbamazepin durch eine Enzyminduktion in der Leber die Wirkung bestimmter Medikamente (z.B. Kontrazeptiva, Antikoagulantien) abschwächen kann.

19.2.4. Valproat

Die prophylaktische Gabe von Valproinsäure-Präparaten (z.B. Ergenyl®, Orfiril®) ist in den letzten Jahren insbesondere bei bipolaren affektiven und schizoaffektiven Erkrankungen eine zunehmend häufiger eingesetzte Alternative zu Lithium (sowohl bei Lithium-Nonresponse als auch bei Kontraindikationen gegen Lithium). Besonders die Rapid Cycling-Form der rezidivierenden affektiven Störung sowie das Vorhandensein manisch-depressiv gemischter Krankheitsepisoden stellt eine Indikation für eine Valproat-Prophylaxe dar. Auch Valproat hat eine gute und rasch einsetzende antimanische Wirkung und kann deshalb auch bereits in der Akuttherapie einer manischen Symptomatik eingesetzt werden.

Ebenso wie bei Lithium und Carbamazepin sind regelmäßige Serumspiegelkontrollen erforderlich; der anzustrebende Serumspiegel liegt im antikonvulsiven Bereich von etwa 50 bis 100 µg/ml. Typische Nebenwirkungen sind gastrointestinale Symptome (Übelkeit, Erbrechen, Durchfall), sowohl zu Beginn der Behandlung als auch bei Überdosierung. Als Kontraindikation gegen die Gabe von Valproat sind insbesondere Leberfunktionsstörungen und Schwangerschaft bzw. bestehender aktueller Kinderwunsch (Gefahr der Teratogenität) zu nennen.

19.2.5. Andere Antikonvulsiva

Bei der nachgewiesenen guten antimanischen und phasenprophylaktischen Wirkung von Carmabazepin und Valproat bietet es sich an, auch die neu entwickelten Antiepileptika (z.B. Lamotrigen, Gabapentin, Topiramat, Oxcarbazepin) als Affektstabilisatoren zu erproben. Da allerdings die entsprechenden Erfahrungen noch sehr begrenzt sind, kann eine konkrete Empfehlung diesbezüglich hier nicht erfolgen; die weiteren Entwicklungen sind abzuwarten.

19.3. Adjuvante Hormontherapie

19.3.1. Schilddrüsenhormone

Insgesamt gehört die Überprüfung der Schilddrüsenfunktion zur Basisdiagnostik bei depressiven Erkrankungen; bei Feststellung einer Hypothyreose wäre dann die entsprechende Substitution die Methode der ersten Wahl. Auch im Laufe einer Lithium-Prophylaxe können entsprechende Veränderungen auftreten (Hypothyreose, euthyreote Struma), die die Gabe von Schilddrüsenhormonen erforderlich machen.

Die adjuvante Gabe von Schilddrüsenhormonen gehört außerdem zu einer der möglichen Therapiestrategien bei der therapieresistenten Depression.

19.3.2. Östrogensubstitution

Die Indikation für eine Östrogensubstitution sollte immer dann geprüft werden, wenn ein depressives Syndrom in der Peri- bzw. Postmenopause auftritt. Die Wirksamkeit einer Hormonersatztherapie wurde allerdings nur für leichte depressive Störungsbilder erbracht ("minor depression"), während dies für schwere Depressionen nicht der Fall ist. Treten depressive Episoden perimenopausal bzw. postmenopausal auf, kann neben der spezifischen antidepressiven Medikation auch eine Östrogensubstitution sinnvoll sein – insbesondere dann, wenn eindeutige "Wechseljahrsbeschwerden" vorhanden sind (☞ auch Kap. 14.4.). Bei therapieresistenter Depression kann ebenfalls die adjuvante Gabe von Östrogenen sinnvoll sein, allerdings ist die Wirksamkeit bisher nicht in kontrollierten Untersuchungen nachgewiesen.

19.4. Psychotherapie

Zu jeder Behandlung einer Depression gehören (neben der eventuellen Gabe von Antidepressiva) psychotherapeutische Maßnahmen. Dabei können die eine Psychopharmakotherapie "begleitenden" Strategien bzw. "stützende" Vorgehensweisen auch unter zeitlich limitierten Bedingungen realisiert werden. Auch ohne dass eine spezifische Psychotherapie begonnen wird, gehören eine Anzahl wichtiger Aspekte zu einer psychotherapeutischen Basisbehandlung (☞ Tab. 19.3).

Psychotherapeutische Basisbehandlung *

- Aktives, flexibles und stützendes Vorgehen
- Empathische Kontaktaufnahme
- Aufbau einer vertrauensvollen Beziehung zum Patienten
- Vermittlung von Ermutigung und Hoffnung
- Exploration des Krankheitsmodells und der Therapieerwartungen des Patienten
- Intensive Information über die vorliegende depressive Störung, Vermittlung eines rationalen Verständnisses der Symptome, ihrer Behandelbarkeit und ihrer Prognose
- Vermittlung eines "medizinischen Krankheitsmodells" zur Entlastung des Patienten von Schuldgefühlen, Selbstvorwürfen und Versagensgefühlen
- Ansprechen von Suizidimpulsen
- Entlastung von bisherigen Pflichten und Ansprüchen am Arbeitsplatz und in der familiären Situation
- Verhinderung depressionsbedingter Wünsche nach überstürzter Veränderung der Lebenssituation
- Unterstützung beim Formulieren und Erreichen konkreter, erreichbarer Ziele zum Wiedergewinnen von Erfolgserlebnissen (positive Verstärker)
- Vermittlung von Einsicht in die Zusammenhänge von Depressivität und somatischen Beschwerden
- Vermittlung von Einsicht in die Notwendigkeit medikamentöser und anderer Therapien

Tab. 19.3: Wichtige Aspekte der psychotherapeutischen Basisbehandlung (* aus den Praxisleitlinien in Psychiatrie und Psychiatrie der DGPPN (2000)).

Der Einsatz spezifischer Psychotherapieverfahren erfolgt je nach Störungsbild und Zielsymptomatik. Einen Überblick über die wichtigsten Verfahren zur Behandlung depressiver Zustandsbilder bzw. Störungen gibt Tab. 19.4.

(☞ Tab. 19.4)

19.5. Entspannungsverfahren

Entspannungsverfahren, wie etwa die **Progressive Muskelrelaxation nach Jacobson** oder das **Auto-**gene Training, werden oftmals als ergänzende Maßnahmen zur medikamentösen und insbesondere psychotherapeutischen Behandlung depressiver Störungen eingesetzt. Auch im ambulanten Bereich werden diese Verfahren häufig begleitend zu einer Psychotherapie eingeübt. Insbesondere die Progressive Muskelentspannung ist für depressive Patienten gut zu erlernen. Auch bei der Therapie von Angsterkrankungen gehören diese Verfahren zu den ergänzenden therapeutischen Maßnahmen.

19.6. Elektrokrampftherapie

Die Elektrokrampftherapie (EKT) wird in Deutschland nicht als Routineverfahren eingesetzt, da sie mit der immer fortschreitenden Entwicklung neuer Antidepressiva auch zunehmend verzichtbar wird. Folgende Indikationen für den Einsatz der EKT sind zu nennen:

- Therapieresistente / chronische Depression, besonders bei wahnhafter Symptomatik
- Katatone depressive Symptomatik (katatoner Stupor)
- Kontraindikation gegen medikamentöse antidepressive Therapie (z.b. bei ausgeprägten Unverträglichkeitsreaktionen; im Einzelfall auch in der Schwangerschaft, wenn Medikation unbedingt vermieden werden soll)

Da die Elektrokrampftherapie heute immer unter Kurznarkose und Muskelrelaxation durchgeführt wird, ist sie insgesamt ein schonendes Verfahren. Die häufigste Nebenwirkung sind anterograde und retrograde Gedächtnisstörungen, die allerdings meist innerhalb von wenigen Stunden bis Tagen wieder abklingen. Als Kontraindikation gegen die EKT sind Herzerkrankungen, schwere pulmonale oder vaskuläre Erkrankungen sowie Hypertonus anzusehen. Bei einer begleitenden Psychopharmakotherapie müssen mögliche Interaktionen beachtet werden.

Ein entscheidender Nachteil der EKT ist, dass die Wirkung meist nicht längerfristig andauert, so dass in der Regel deshalb ohnehin eine medikamentöse Therapie eingeleitet werden muss.

19.7. Lichttherapie

Hauptindikation für eine Lichttherapie (Phototherapie) sind die saisonal-abhängigen affektiven

Spezifische Psychotherapieverfahren *	
Verhaltenstherapie	Neuinstallieren der verlorengegangenen Verstärker für aktives soziales Verhalten; aktive positive Verhaltensweisen des Patienten werden unterstützt. Typische VT-Techniken werden eingesetzt, wie etwa systematische Verstärkung für aktives Verhalten, Selbstverstärkung, Verhaltensübungen, Verhaltensverträge etc. Kombinationen mit anderen Therapieformen (z.B. kognitive Therapie nach Beck, Entspannungsverfahren, Training sozialer Kompetenzen etc.) sind möglich.
Kognitive Therapie der Depression (Beck)	Durch systematische Instruktionen und Übungen werden die kognitiven Verzerrungen bewusst gemacht und einer Überprüfung zugänglich. Auswirkungen dieser Kognitionen auf das Verhalten werden identifiziert; alternative Bewertungen erarbeitet. Am Beispiel ausgewählter konkreter Probleme werden die aus den Neubewertungen resultierenden angemessenen Verhaltenweisen praktisch eingeübt.
Tiefenpsychologische Kurzzeittherapie	Die depressive Symptomatik wird als Resultat einer Reaktivierung eines unbewussten Konfliktes bzw. einer Dekompensation eines ansonsten kompensierten Konfliktes gewertet (z.B. starke Abhängigkeit- und Versorgungswünsche, gekoppelt mit Enttäuschung, Wut oder Ambivalenz). Die Therapie fokussiert auf ein klar umrissenes Symptom bzw. Problemfeld unter bewusster Vernachlässigung anderer Aspekte, definiert das Therapieziel und gibt schon zu Beginn einen klaren zeitlichen Rahmen vor. Als dominierende Technik wird die Deutung der Übertragungs- und Gegenübertragungsmechanismen eingesetzt, wobei alles Material im Sinne des Fokus interpretiert und bearbeitet wird.
Gesprächspsychotherapie	Die depressionstypische Thematik wird sowohl auf der Symptom- als auch auf der Selbstkonzept- und Beziehungsebene berücksichtigt. Folgende Vorgehensweisen gehören zum therapiephasenspezifischen Vorgehen: • Vergegenwärtigen des depressiven Affektes hinsichtlich seiner verschiedenen "Tönungen" und den damit jeweils verbundenen Vorstellungen (Befürchtungen, Sorgen, Wünsche) • Klären der depressionstypischen Inkongruenz zwischen überhöhtem Selbstideal und negativem Selbstbild sowie zwischen Autonomie- und Abhängigkeitswünschen • Klären von depressionsspezifischen Beziehungserwartungen und Rollenzuschreibungen und den sich daraus ergebenen Konflikten einschl. dem Erwarten von Konfliktlösungsmustern. Beachten, respektieren und Fördern von jeweils individuellen Ressourcen

Interpersonelle Psychotherapie	Die IPT (nach Klerman und Weissman) wird unter Verwendung eines strukturierten Therapiemanuals durchgeführt. Die Therapie (Gesamtdauer 12 bis 20 Sitzungen) gliedert sich in 3 Phasen:
	
	• Phase 1: Diagnostik der depressiven Symptomatik, Aufklärung über die Erkrankung und Therapiemöglichkeiten, Herausarbeiten eines depressionsrelevanten Hauptproblembereiches, Abschluss eines Therapievertrages, etc.
	• Phase 2: Bearbeitung von 1 oder 2 Hauptproblembereichen unter Anwendung vielfältiger etablierter therapeutischer Techniken (z.B. Entwicklung adäquater Problemlöse-, Kommunikations- und Stressbewältigungsstrategien, Klärung affektiver Komponenten bei Rollenübergängen, Klärung von Beziehungsmustern etc.)
	  - Verlust / Trauer
	  - Zwischenmenschliche Konflikte
	  - Soziale Rollenveränderungen
	  - Interpersonelle Defizite, z.B. soziale Isolierung
	• Phase 3: Abschluss der Therapie, Bearbeitung der dabei auftretenden Gefühle und der zukünftig möglicherweise zu erwartenden Probleme und deren Bewältigungsmechanismen

Tab. 19.4: Spezifische Psychotherapieverfahren (* modifiziert nach den Praxisleitlinien in Psychiatrie und Psychiatrie der DGPPN (2000)).

Störungen (☞ auch Kap. 9.12.); für diese Störungsform ist die Wirksamkeit nachgewiesen. Bei therapieresistenten anderen Depressionsformen kann der Einsatz der Lichttherapie im Sinne einer adjuvanten Therapie versucht werden.

Entsprechende transportable Geräte zur ambulanten Lichttherapie sind im Handel verfügbar. Bei entsprechender Indikation kann die Kostenübernahme bei der Krankenkasse beantragt werden. Die praktischen Richtlinien zur Durchführung einer Lichttherapie sind in Tab. 19.5 dargestellt.

(☞ Tab. 19.5)

19.8. Schlafentzugstherapie (Schlaf-Wach-Therapie)

Die bereits früh gemachte Beobachtung, dass Schlafentzug eine Veränderung der Stimmung im Sinne einer Euphorisierung zur Folge haben kann, führte zum therapeutischen Einsatz der Schlafentzugstherapie (auch als Schlaf-Wach-Therapie bezeichnet).

Der **partielle Schlafentzug** kann effektiv als adjuvante Therapie bei mittelschweren und schweren depressiven Episoden, besonders mit vitaler Symptomatik oder ausgeprägten "Tagesschwankun-

gen" der Symptome eingesetzt werden. Partieller Schlafentzug bedeutet, dass der Patient in der ersten Nachthälfte normal schläft, dann um etwa 1.00 h nachts geweckt wird und bis zum nächsten Abend nicht schläft. Auch kleine "Nickerchen" in der 2. Nachthälfte oder am folgenden Tag müssen auf jeden Fall unterbunden werden, um den erwünschten Erfolg zu erreichen. Deshalb ist in der Regel eine Schlafentzugstherapie auch nur im stationären Rahmen mit entsprechender Betreuung (Beschäftigung, Bewegung in frischer Luft, Gymnastik etc.) in der Nacht und am folgenden Tag erfolgversprechend. Etwa 2/3 der behandelten Patienten zeigen einen eindeutig antidepressiven Effekt am ersten Tag nach dem Schlafentzug; bei einigen Patienten zeigt sich der Effekt aber auch erst am 2. Tag. Da der Effekt meist nicht anhaltend ist, sollte bei positiver Wirkung die Behandlung wiederholt durchgeführt werden (z.B. einmal pro Woche), um die medikamentöse Therapie zu unterstützen und den Heilungsprozess zu unterstützen.

Eine spezielle Form des partiellen Schlafentzugs, die auf jeden Fall nur im stationären Rahmen sinnvoll ist, ist die "phase advance-Therapie". Diese Methode, bei der über etwa 10 bis 14 Tage ein par-

Praktische Richtlinien zur Lichttherapie *	
Wirkmechanismus	Der antidepressive Effekt wird über das Auge vermittelt.
Lichtquelle	Die Augen des Patienten sollen etwa 90 cm von der Lichtquelle entfernt sein.
Während der Lichttherapie	Patient kann lesen, schreiben, essen, telefonieren. Er sollte nur den Abstand zwischen Lichtquelle und Auge einhalten und etwa einmal pro Minute direkt in die Lichtquelle schauen (kurz).
Lichtintensität	2.500 bis 10.000 Lux (gemessen an den Augen)
Wellenlänge	Volles Spektrum
Dauer	½ - 4 h pro Tag (je nach Intensität), vom Herbst bis Frühjahr.
Tageszeit	Unabhängig vom therapeutischen Erfolg. Wenn es für den Patienten günstig ist.
Latenz bis zum Auftreten des antidepressiven Effekts	3 - 7 Tage
Non-Responder	Sprechen auf antidepressive Medikation an.
Teilweises Ansprechen	Lichttherapie + antidepressive Medikation empfehlenswert.
Nebenwirkungen	Gering, wenig überhaupt, dann Kopfschmerzen, Augenbrennen, Irritabilität, evtl. Hypomanie. Bei Kombinationen mit trizyklischen Psychopharmaka sowie Lithium augenärztliche Kontrolle empfehlenswert.

Tab. 19.5: Praktische Richtlinien zur Lichttherapie (* nach Kasper, In: Möller, Laux, Kapfhammer 2000).

tieller Schlafentzug in der 2. Nachthälfte durchgeführt wird und die Schlafzeit konsekutiv der normalen Schlafzeit angenähert wird, wird bisher nur in Forschungseinrichtungen durchgeführt.

Ein **totaler Schlafentzug** ist in der Regel nicht sinnvoll, da er einerseits für den Patienten sehr anstrengend ist und der therapeutische Effekt nicht größer ist als beim partiellen Schlafentzug.

Eine **Kontraindikation** gegen des Einsatz des partiellen oder totalen Schlafentzuges besteht beim Vorhandensein suizidaler Symptome, bei wahnhafter Depression und auch bei schizodepressiver Symptomatik, da möglicherweise durch Schlafentzug die Gefahr einer weiteren Symptomprovokation bzw. Verschlechterung der Symptomatik besteht.

20. **Weiterführende Literatur**

Benkert O, Hippius H: Psychiatrische Pharmakotherapie. Springer, Berlin Heidelberg New York (1996)

Berger M (Hrsg): Psychiatrie und Psychotherapie. Urban & Schwarzenberg, München Wien Baltimore (1999)

DGPPN (Hrsg): Praxisleitlinien in Psychiatrie und Psychotherapie. Band 5: Behandlungsleitlinie Affektive Erkrankungen. Steinkopf, Darmstadt (2000)

Marneros A: Handbuch der unipolaren und bipolaren Erkrankungen. Georg Thieme Verlag Stuttgart New York (1999)

Marneros A: Schizoaffektive Erkrankungen. Ein Leitfaden für Klinik und Praxis. Georg Thieme Verlag Stuttgart New York (1995)

Marneros A: Manisch-depressive und andere bipolare Erkrankungen. Ein Leitfaden für Klinik und Praxis. Georg Thieme Verlag Stuttgart New York (2000)

Marneros A, Deister A, Rohde A: Affektive, schizoaffektive und schizophrene Psychosen. Eine vergleichende Langzeitstudie. Springer-Verlag. Berlin Heidelberg New York (1991)

Möller H-J, Laux G, Kapfhammer H-P (Hrsg): Psychiatrie und Psychotherapie. Springer Verlg Berlin Heidelberg New York (2000)

Saß H, Wittchen H-U, Zaudig M, Houben I: Diagnostische Kriterien des Diagnostischen und Statistischen Manuals Psychischer Störungen DSM-IV. Hogrefe-Verlag, Göttingen Bern Toronto Seattle (1998)

Spielmann H, Steinhoff R, Schaefer C, Bunjes R: Arzneiverordnung in Schwangerschaft und Stillzeit. Gustav Fischer, Stuttgart Jena Ulm Lübeck (1997)

WHO (übersetzt und hrsg. von H. Dilling und H-J. Freyberger): Taschenführer zur ICD-10-Klassifikation psychischer Störungen: mit Glossar und Diagnostischen Kriterien ICD-10. Hans Huber Verlag, Bern Göttingen Toronto (1999)

Index

Klinische Lehrbuchreihe

... Kompetenz und Didaktik!

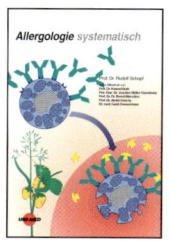
Allergologie *systematisch*

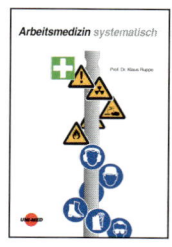
Arbeitsmedizin *systematisch*

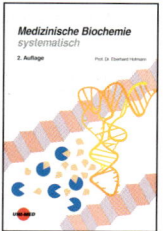
Medizinische Biochemie *systematisch*

Chirurgie *systematisch*

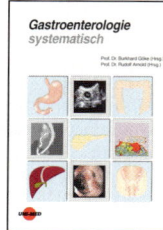
Gastroenterologie *systematisch*

Hygiene/Präventivmedizin/ Umweltmedizin *systematisch*

Kinder- und Jugendpsychiatrie und -psychotherapie *systematisch*

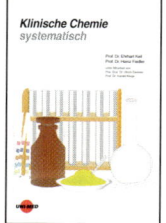
Klinische Chemie *systematisch*

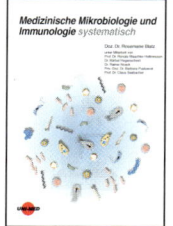
Medizinische Mikrobiologie und Immunologie *systematisch*

Neurologie *systematisch*

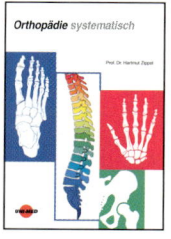
Orthopädie *systematisch*

Onkologie *systematisch*

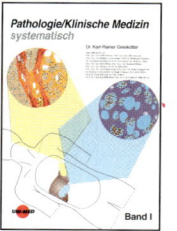
Pathologie/Klinische Medizin *systematisch*

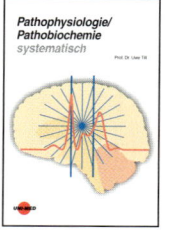
Pathophysiologie/ Pathobiochemie *systematisch*

Pharmakologie/Toxikologie *systematisch*

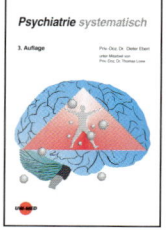
Psychiatrie *systematisch*

Medizinische Psychologie/ Medizinische Soziologie *systematisch*

Psychosomatik/ Psychotherapie *systematisch*

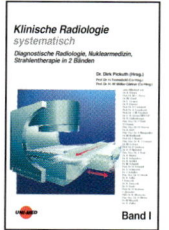
Klinische Radiologie *systematisch*

Klinische Radiologie *systematisch*

Rechtsmedizin *systematisch*

Sonographie *systematisch*

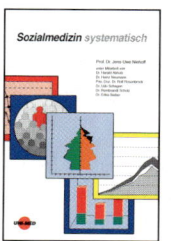
Sozialmedizin *systematisch*

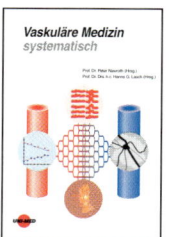
Vaskuläre Medizin *systematisch*

UNI-MED

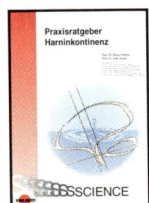

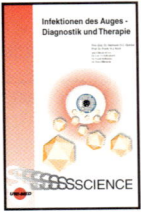

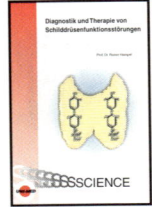

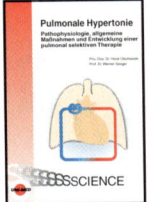

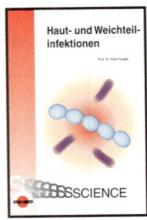
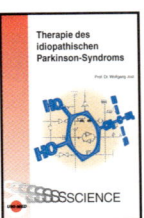

Psychiatrische Fachliteratur von UNI-MED...

UNI-MED *SCIENCE* -
Topaktuelle Spezialthemen!

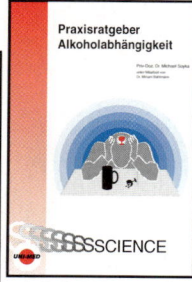

1. Aufl. 2000, 180 S.

1. Aufl. 2000, 112 S.

1. Aufl. 1999, 80 S.

2. Aufl. 2000, 432 S.

1. Aufl. 2000, 264 S.

Und für den Fall der Fälle -
die Standardwerke!

Klinische
Lehrbuchreihe

... Kompetenz und Didaktik!

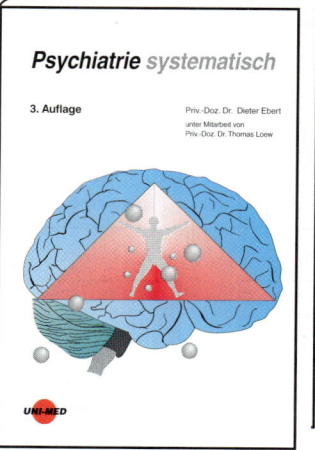

3. Aufl. 1999, 416 S.

2. Aufl. 2000, 440 S.

...vertreibt Ängste und Sorgen!

UNI-MED Verlag AG • Kurfürstenallee 130 • D-28211 Bremen
Telefon: 0421/2041-300 • Telefax: 0421/2041-444
e-mail: info@uni-med.de • Internet: http://www.uni-med.de